삶터, 대구의 이해

사회과학교양총서 3

# 삶터, 대구의 이해

이철우 외

경북대학교출판부

사회과학교양총서 3

## 삶터, 대구의 이해

**초판 1쇄** 2014년 6월 27일 | **초판 3쇄** 2016년 7월 15일
**지은이** 이철우 · 위상복 · 최희만 · 김시구 · 강문철 · 백승진 · 신병문
**펴낸이** 손동철 | **펴낸 곳** 경북대학교출판부
**출판등록** 1973년 10월 10일 ㉑97호 | **주소** 대구광역시 북구 대학로 80
**전화** 053-950-6741~3 | **팩스** 053-953-4692
**이메일** press@knu.ac.kr | **홈페이지** http://knupress.com
ISBN 978-89-7180-396-7 93980

정가는 뒤표지에 있습니다.
파본은 바꾸어 드립니다.

# 추천사

홍철(대구가톨릭대학교 총장, 전 대구경북연구원장)

지난 반세기 동안 우리나라는 산업화를 성공시켜, 세계에서 일곱 번째로 2050클럽(인구 5천만 명, 1인당 국민소득 2만 불)에 들었다. 그러나 고도성장으로 빈부격차, 대기업과 중소기업 간의 격차, 수도권과 지방 간의 격차 등 각종 갈등이 야기되었다. 이들을 해소해야만 우리나라도 당당한 선진국 대열에 들어설 수 있다. 우리 국토의 공간, 즉 지역 문제도 이제는 수도권과 지방이라는 이분법적인 사고에서 벗어나 지역주민의 삶이란 측면에서 보아야 할 때가 되었다. 이와 같은 시대적 상황에 맞게 이 책의 저자들은 우리의 생활공간인 지역 및 도시를 '균형발전'이라는 개발연대적인 사고에서 벗어나, '삶의 터전'으로 바라보았다. 또 이들은 지역학(또는 도시학)도 삶터를 보다 잘 살 수 있는 곳으로 가꾸는 데에 목표를 두어야 한다고 주장하고 있다.

저자들은 삶터의 연구 대상으로, 자신들이 현재 생활하고 있고, 또 연구 활동을 하고 있는 곳, 즉 대구를 선택하였다. 그동안 '대구를 연구해 온 사람들'뿐 아니라, 대구에서 조상 대대로 살아왔거나 현재 대구에서 살고 있는, 자칭 '대구 사람들'은 대구에 대해서 '잘 알고 있는 사람들'이다. 그러나 이들 모두가 지역주민의 삶터로서의 대구를 가꾸는 일에 적극적으로 동참하지는 않고 있다. 이제는 대구 사람들이 진정으로 대구를 아끼고 가꾸는 동반자가 되어야 한다. 이를 위해서 저자들은 대구라는 삶터를 단순히 '알고 있다'는 차원을 넘어서 '이해해야 한다'고 주장하면서, 이 점을 『삶터, 대구의 이해』라는 책을 저술하게 된 동기라고 밝혔다.

저자들의 이와 같은 사상은 "자신이 태어나고 자란 삶터와 그곳에서 살고 있는 사람들에 대한 애정을 바탕으로 살기 좋은 삶터를 만들 수 있는 방법에 대하여 논한 책"으로 평가받는, 우리나라 최고의 지리서 『택리지』(이중환)와 집필의 동기와 내용 면에서 그 맥을 같이하고 있다. 따라서 이 책은 '대구의 신택리지'라 평가받을 만하다. 그동안 대구는 희망보다는 안타까움, 애정보다는 아쉬움의 대상이었다. 그러나 이 책은 '대구 스타일'을 갈고 다듬어, 건강한 삶터로서의 대구를 만들기 위해서 '절망'에서 '희망'을, '모방'에서 '창조'를 찾아야 하는 '대구 사람들'에게 자긍심을 키워줄 수 있다.

이 책의 대표 저자는 이철우 교수다. 평소 본인이 알고 있는 이철우 교수는 직언을 서슴지 않는 용기 있는 사람이다. 언제나 정도(正道)를 걸어 온 저자가 대구에 안부를 묻고 싶어 하고, 대구를 사랑하는 사람들에게 편안한 안식을 제공하고 있다. 그 결과물인 이 책 『삶터, 대구의 이해』를 대구 사람뿐 아니라 자신의 삶터를 아끼고 또 가꾸고 싶은 사람 모두에게 한 권의 교양서로 추천한다.

2014년 6월

홍철

머리말

# 『삶터, 대구의 이해』를 내면서

삶터의 사전적 의미는 "사람이나 동물이 활동하며 살아가는 터전"이다. 삶의 터전이라는 생활공간은 본질적으로 지리적이다. 따라서 삶터는 지리학의 연구 대상인 동시에, 이에 대한 연구는 지리학의 존립 기반이기도 하다. 왜냐하면 지리학은 특정 지역의 자연환경과 이에 기반을 둔 인간 집단의 생활양식(mode of living)의 총합인 동시에 인간의 집합적 창작물(human collective creation)이기도 한 '삶터'인 지역의 다양성에 대한 지적 탐구 과정이기 때문이다.

> 지역은 다 같다고 하기도 하고 다 다르다고도 한다. 같다는 것은 삶의 기본 전제와 원리가 다르지 않다는 것이고, 다르다는 것은 삶터의 여건과 삶의 모습이 다 특성이 있다는 것이다. 이러한 다양성은 아름답고, 창의와 발전의 동인인 동시에 서로 다른 것의 조화를 통해서 이루어지는 최선의 상태이다.
>
> –『관광에서 답사까지: 삶의 모습을 어떻게 이해할까?』(유우익, 2005) 중에서

그런데 지금까지의 지리학을 비롯한 거의 모든 학문에 있어서의 지적 탐구는 사물이

나 현상의 이치를 설명하거나 설명하기 위한 개념과 이론을 개발하는 것에 초점을 두고 있다. 또한 사물이나 현상의 다양성을 인정하면서도 다양성을 통하여 일반성을 추구하여 왔다. 그러나 우리들은 삶터에 대한 '지적 탐구'가 설명에서 한걸음 나아가서 '이해'로 전환되기를 희망한다. 왜냐하면 삶터는 단순한 이용과 설명의 대상이 아니라 아끼고 가꾸어야 하는 대상이기 때문이다.

지리학뿐만 아니라 국토개발, 도시계획, 환경보전 등 우리의 생활공간인 삶터를 연구대상으로 하는 여러 학문분야의 지적 탐구는 우리들의 삶터를 보다 아름답고 살 만한 곳으로 만들기 위한 노력 그 자체이다. 어떤 것을 아끼고 사랑하고 가꾸기 위해서는 그것에 대한 이해가 전제되어야 한다. 우리의 삶의 터전을 이해하지 않고서는 '삶터'를 가꾸고 보존하기 위한 노력을 담보할 수 없다. 이것이 필자들이 『삶터, 대구의 이해』라는 이 책을 저술하게 된 동기이다.

따라서 이 책은 '삶터에 대한 이해'를 위한 실험적 시도이다. 더욱이 필자들은 지리학을 전공하였으나 이른바 '지역지리학' 전공자는 아니다. 전통적 지역지리학의 관점에서 보면, 이 책에는 누락된 부분도 있고, 구체적인 자료 제시도 부족하고 과학적이기보다는 '이야기'식의 서술이 되어 있으므로, 왠지 엉성하다는 생각이 들 수도 있다. 또한 이 책에서는 의도적으로 다루지 않으려고 노력한 것도 몇 가지 있다. 먼저 이를 소개하겠다.

첫째, 이 책은 특정 지역(삶터)에 대해 통계적이고 사실적인 정보를 제공하는 소개서가 아니다. 이러한 유형의 책들은 중앙정부나 각 지방자치단체가 발행한 다양한 종류의 지리지로 이미 많이 간행되었고, 앞으로도 간행될 것이다. 뿐만 아니라 인터넷을 통해서도 언제 어디서나 손쉽게 이와 관련된 정보들을 얻을 수 있다. 따라서 이 책에서는 대구의 금호강에는 다리가 몇 개이고 그중에서 어느 다리가 가장 길며, 섬유업체와 종사자 수는 얼마나 되는지에 대해서는 관심을 두지도 않았고, 실제로 알아보려고 하지도 않았다.

둘째, 이 책은 '대구'라는 삶터를 대상으로 하면서도 기존의 지리지(地理誌)의 얼개에 따른 내용 구성을 하지 않으려고 노력하였다. 뿐만 아니라 이러한 지리적 현상의 변화를 연대순으로 정리하여 제시하지도 않았고, 더욱이 대구에 대한 최근의 연구 결과에 대하여 체계적으로 분석하고, 그 결과를 인용하려고 하지도 않았다.

셋째, 더욱이 관점도 기존의 지역지리의 그것과 달리하고자 의도적으로 노력하였다. 필자들은 특정 삶터의 자연환경과 이에 기반을 둔 주민들의 생활양식이라는 집합적 창작물인 개별 삶터의 지역성(locality)에 대한 설명을 통해서 '안다'는 것을 넘어선 '이해'라는 관점에서 가능한 한 본질적인 주제와 경험적 사례를 통합하려고 노력하였다. 왜냐하면 대구에 대한 다양한 정보와 지식을 담고 있는 책들은 많지만, 이러한 책들은 '대구 이해의 길라잡이'로서는 한계성을 가지고 있다고 판단했기 때문이다.

대구라는 삶터에서 조상 대대로 살아 왔거나, 그렇지는 않지만 대구를 삶의 터전으로 살고 있는 '대구 사람', 그리고 다양한 분야에 걸쳐 대구를 연구하는 사람들은 대구에 대해서 잘 '알고 있는 사람'이다. 그러나 이들 모두가 삶터로서의 대구를 아끼고 가꾸는 일에 그렇게 적극적으로 동참하지는 않고 있다. 이제 삶터는 그 자체를 이해하고, 사랑하고 아끼고 가꾸어야 할 동반자를 필요로 한다. 그 이유는 삶터는 변화하고, 그 변화의 주체는 주민이며, 변화의 에너지는 이들의 의식과 행동이기 때문이다.

> 대구는 감사가 있는 곳이다. 산이 사방으로 둘러싸여 있고, 가운데 큰 들을 이루고, 들 한가운데로 금호강이 동쪽에서 서쪽으로 흐르다가 낙동강에 합류한다. 관아는 강 뒤쪽에 있다. (경상)도의 중앙에 위치하여 남북으로 거리가 매우 평탄하니, 지형이 훌륭한 도회지다.
>
> -『우리 땅 어디서 살거나, 택리지(擇里志)』(이중환 저 · 차창용 역, 1994) 중에서

대구라는 삶터의 기반 자체는 예나 지금이나 크게 다르지 않다. 그러나 삶터로서의 대구의 모습과 기능은 변하지 않은 것이 없다. 따라서 이러한 대구의 변화를 일반성보다는 차별성에, 비판보다는 애정을 가지고, 자책보다는 승화에 초점을 맞추어 대구에 대한 이해의 길라잡이를 만들어 보자고 필자들 나름대로는 최선을 다하였다.

이 책의 내용은『택리지』의 이상적인 삶터의 4대 요소(지리, 생리, 인심, 산수)에 초점을 두어 기술되었다.『택리지』는 "자신이 태어나고 자란 삶터와 그곳에서 살고 있는 사람들에 대한 애정을 바탕으로 살기 좋은 삶터로 만들 수 있는 방법에 대하여 논한 책"(최영준, 1997)으로 평가받고 있다. 그에 따라 이 책의 제2장에서 제5장까지는『택리지』에서 언급한 4대 요소(지리, 생리, 인심, 산수)에 초점을 두어 대구를 조망하였다. 또

'대구 삶터의 발자취'(제1장)와 '활기차고 좋은 도시로'(제6장)의 주제를 보태어, 총 6개의 장으로 구성하였다.

이 책의 장별 구성과 내용은 다음과 같다.

제1장은 '대구 삶터의 발자취'로, 3개의 소주제에 따라 각 절을 구성하였다. 제1절 '영남의 중심지, 대구'에서는 대구의 입지적 특성과 영남의 행정 중심지와 문화 융합의 본거지로서의 역할을 하기까지의 과정을 소박하게 살펴보았다. 제2절 '대구라는 삶터의 뿌리와 이름, 그리고 영역'에서는 구석기 시대 이후 대구인들의 주된 삶터의 조건과 특성, '대구'라는 이름의 유래, 의미 및 변천, 그리고 신천에서 금호강, 더 나아가 낙동강 유역으로 확대되어 가는 그 영역에 대하여 설명하였다. 그리고 제3절 '국난 극복의 교두보'에서는 역사적인 위기 상황에서 대구가 담당해 온 역할에 대하여 호국 불교, 의병 활동, 국채 보상 운동 등을 중심으로 설명하였다.

제2장 '빼어난 자연환경'은『택리지』의 이상적인 삶터의 4대 요소 중 '지리'에 초점을 두어 대구를 살펴본 부분이다. 지형과 기후를 중심으로 6가지 소주제에 따라 절을 구성하였다. 제1절에서는 대구 자연환경의 근간이 분지임을 살펴보고, 또한 대구분지는 하나가 아니라 여러 개로 구성된, 복잡한 중층적 분지임을 확인하였다. 제2절에서는 이러한 분지 지형이 어떻게 형성되었는지를 지질과 지형 발달을 통해 알아보고, 대구분지가 일반적인 침식 분지와는 다른 독특한 지형임을 기술하였다. 제3절과 제4절에서는 전통지리 사상으로 대구의 지세를 개관하고 대구분지의 근간을 이루는 팔공산과 비슬산, 금호강과 신천, 그리고 삶터인 달구벌의 특징 등을 살펴보았다. 이를 통해 대구분지를 구성하는 주요 지형별 특색을 이해하고, 대구가 빼어난 삶터임을 조명하였다. 또한 제5절에서는 독특한 대구 기후를 이해하고, 이러한 기후의 특징이 생활에 미치는 영향을 기술하였다. 제6절에서는 더 나은 환경을 위한 노력을 통해 시민들의 자연에 대한 자세와 대구분지의 미래를 가늠해 보았다.

제3장 '대구시 공간환경의 진화'는 3개의 절로 구성하였다. 제1절에서는 대구시 공간환경의 기본 요소인 인구, 영역, 그리고 기능의 변화 과정을 개괄하면서, 그 과정에 투영된 빛과 그림자를 살펴보는 동시에 앞으로 예상되는 변화의 단초를 찾고자 하였다. 제2절에서는 역동적으로 변화한 도시 구조를 교통망, 기능지역을 중심으로 설명하였다. 제3절에서는 대구라는 삶의 터전이 진화하는 과정에서 나타나는 문제들과, 이를 극복하

여 대구를 살맛 나고 건강한 삶터로 만들기 위한 대구 사람들의 노력으로 엮어 보았다.

제4장은 『택리지』의 이상적인 삶터의 4대 요소 중 '생리'에 해당하는 부분으로, '진화하는 대구 경제'라는 제목 아래 3개의 주제에 따라 각 절이 구성되어 있다. 제1절 '대구 생산 활동의 토대'에서는 낙동강 수운과 영남대로를 기반으로 유통 및 생산 활동의 중심지로서 대구가 역동적으로 성장해 온 과정과, 현재 대구가 영남권의 내륙 중심으로 인근 지역 경제권과 활발한 협력을 통해 산업 경쟁력을 갖춰 나가고 있는 모습을 이해하고자 하였다. 제2절 '섬유에서 메카트로닉스로'에서는 현재까지 대구 경제의 중추적 역할을 담당해 오고 있는 섬유 산업이 어떻게 진화 · 발전해 왔는지 살펴본다. 또한 전통적인 뿌리산업인 기계 · 금속 공업이 첨단 지식 기반의 메카트로닉스 산업으로 발전하는 것을 바탕으로 대구가 글로벌 지식경제도시로 도약하기 위한 해답을 찾아본다. 제3절 '상업에서 지식기반서비스로'에서는 서문시장과 대구백화점 등을 중심으로, 그 기반을 구축한, 대구지역 상업 자본의 성장과 침체, 그리고 새로운 활로의 모색 과정에 대하여 살펴본다. 나아가 새로운 성장 동력으로 주목받고 있는 비즈니스서비스, 의료 · 교육 · 문화 콘텐츠 서비스 등의 다양한 지식기반서비스 산업에 관한 대구시의 정책적 대안에 대하여 설명하고자 하였다.

제5장 '대구 문화의 겉과 속'은 『택리지』의 '인심'과 '산수'에 해당하는 사회 · 문화, 그리고 휴양 · 관광 요소에 해당하는 내용으로, 총 4개 절로 구성되어 있다. 제1절 '대구 사람, 대구 스타일'에서는 대구 사람들의 기질을 알 수 있는 다양한 사례를 통해 대구 사람들이 보수적이라는 선입관에 대한 재해석을 하였다. 이로써 다문화 시대에 대구의 이미지를 긍정적으로 변화시킬 수 있는 방안을 모색하였다. 제2절 '대구인의 문화 지도'에서는 대구인 문화 · 예술의 발자취와 오늘날 대구 문화 · 예술의 새로운 아이콘으로 자리잡고 있는 오페라 및 뮤지컬 축제를 통해 대구 문화의 새로운 지평을 모색하려는 용트림을 이해하고자 하였다. 제3절 '대구의 맛과 멋'에서는 대구를 대표하는 먹을거리를 비롯한, 맛과 멋을 향유할 수 있는 곳들의 장소성을 탐미하고자 하였다. 그리고 제4절 '대구의 문화 경관'에서는 문화 유적지에 녹아 있는 대구인의 혼과 의미를 재구성하였다.

마지막 제6장은 '활기차고 좋은 도시로'이다. 건강한 삶터를 만들기 위한 노력의 결실 중에서 대구 사람들에게는 자긍심을 키워 줄 수 있는 동시에 다른 지역의 사람들에게 자랑할 수 있고 벤치마킹의 대상이 될 수 있는 성과 세 가지를 다루었다. 즉, 대구 경제 발전의 청신호로서의 대구테크노폴리스와 대구사이언스파크, 관광 대구의 신호탄으로서의 근대골목투어, 그리고 대구 생태 도시의 시금석으로서의 대구수목원 등을 소개하였다.

> 와룡산(臥龍山), 용두방천(龍頭防川) / 화원유원지 등은 / 옛날 그대로이겠지요? // …… // 3공단(工團) 금호강 뚝방에서 / 노곡(魯谷), 조야동(助也洞)으로 넘어가는 / 징검다리가 몇 군데 있었는데 / 그 큰 돌멩이들은 모두 / 어디다 치워 버렸습니까? // …… // 도원동(桃園洞) 유곽촌 엇질러서 맞은켠, 경부선 철뚝으로 빠지는 골목 안에 이용(理容)학교에서 직영하는 후생이발관이 하나 있었는데 그 이발소 아저씨가 어디가 계시는지 혹 아시는지요?(거기서 공짜 머리 깎느라 생머리가 뽑히는 아픔을 눈물 찔끔찔끔하면서 참곤 했었지요) // …… // 달성공원을 껴안고 있는 / 비산동(飛山洞) 하늘의 / 저녁노을은 그때나 지금이나 / 문자 그대로 자하(紫霞) / 그대로입니다 // …… // 아직도 칠성시장(七星市場)에는 / 사과가 지천으로 많습니까?

상희구 시인의 시집 『大邱』에 수록된 시 「안부를 묻습니다」이다. 우리 필자들은 이 책을 통하여 그 물음에 부분적으로나마 답하고자 노력하였다. 바꾸어 말하면, 우리 필자들은 이 책이 '삶터 대구'에 대하여 안부를 묻고 싶어 하고 또 사랑하는 사람들의 읽을거리가 되기를 희망한다.

이 책의 집필을 구상한 지 2년이 되었다. 아니, 우리 집필자들이 대구를 알고 이해하고 나아가서 교육하기 위해서 노력하고, 그 과정에서 이미 여러 형태로 그 결과물을 내놓은 지는 10년 이상이 되었다. 『삶터탐구활동 길잡이』(2006), 『삶터탐구교육 매뉴얼』(2007), 『탐구를 통한 삶터 학습』(2008), 『알고 보면 재미있는 삶터탐구』(2009) 등의 자료집을 간행하였고, 일간지에 삶터에 대한 글을 연재하기도 했다. 이러한 '삶터 대구'에 관한 자료들은 대구의 지역성을 제대로 파악하기 위한 많은 현장답사와 토의 · 토론 과정을 거친 산출물이기도 하다. 그러나 이러한 자료집은 대구에 대한 자료와 정보를 체계적으로 제공하는 데는 기여할 수 있으나 대구를 제대로 이해하고 아끼고 가꾸어 가는 데 필요한 지혜를 제공하기에는 한계가 있음을 절감하였다. 이에 2011년 여름방학 때

'삶터로서의 대구' 이해의 길라잡이가 될 책을 함께 집필하기로 뜻을 모으게 된 것이다.

책의 집필을 결정한 이래로, 필자들은 약 6개월 동안 수차례의 치열한 논의를 거쳐 집필의 방향과 내용 구성에 대하여 합의를 하였다. 그리고 다시 6개월에 걸쳐 각자 분담하여 집필된 제1차 원고에 대한 검토를 하였다. 그 과정에서는 재집필 수준으로 대폭적인 수정을 하는 등의 적지 않은 시행착오를 겪었다. 대표 저자와 사진작가를 제외한 필자들은 현직 교사들이다. 이들은 짧지 않은 기간 동안 수업과 학생 지도의 격무 속에서 인내심을 가지고 여기까지 함께 왔다. 또한 신병문 사진작가는 많은 위험을 감수하면서 직접 열기구를 타고 사진을 찍는 등, 각고의 노력으로 현장감 충만한 사진을 촬영하였으며, 열성적으로 관련 자료를 수집하고 정리하였다. 이렇게 해서 마련한 원고는 경북대학교출판부 남정이 에디터의 교정 · 교열과 최선주 디자이너의 디자인을 거쳐 한 권의 책으로 나오게 되었다. 함께 노력해 준 이들 모두에게 감사를 드리고 싶다.

필자들의 노력과 주위의 격려와 도움에도 불구하고 이 책에는 미진한 부분이 있다. 그에 대해서는 진한 아쉬움을 숨길 수 없다. 이 책의 부족한 부분은 앞으로 독자들의 의견을 경청하여 보완할 것을 약속한다. 우리네 사람들이 태어나서 삶을 유지하다가 결국은 돌아가게 되는 배태고향이자 영원한 안식처인 삶터, 그것을 오롯이 이해하고 사랑하고 가꾸어 가는 심상을 키우는 데 이 책이 도움이 되기를 감히 기대해 본다.

저자를 대표하여

이철우

## 목차

제1장

# 대구 삶터의 발자취

영남의 중심지, 대구

'대구'라는 삶터의 뿌리와 이름, 그리고 영역

국난 극복의 교두보

그림 1-1 경상도 지도(●: 19세기 전반 경상도 읍치)
출처: 『고지도첩』, 영남대학교 박물관 제공

왕이 수도를 달구벌로 옮기려 했으나 이루지 못하였다.

**王欲移都達句伐 未果**

–『삼국사기』 제8권 「신라본기」, 신문왕 9년 중에서

『삼국사기』에는 신라가 삼국을 통일한 후 '신문왕이 수도를 달구벌로 옮기려고 하였지만 옮기지 못했다'라는 기록이 있다. 달구벌은 지금의 대구이다. 예나 지금이나 수도를 옮기는 일은 엄청난 국가사업이다. 그런데도 신문왕은 수도를 옮기려 했다. 그것도 작은 성촌에 불과한 달구벌로 말이다. 과연 대구가 어떤 곳이기에 수도를 옮기려고 했는지 참으로 흥미로운 일이 아닐 수 없다.

# 영남의 중심지, 대구

한 지역의 지리적 위치는 그 지역 사람의 삶에 많은 영향을 미친다. 대구는 한반도 남동부 내륙에 위치하여 있어, 신라 때는 통일 수도의 후보지로서 주목을 받았다. 조선시대에 경상감영이 설치된 이후 영남의 중심지로서 정치와 행정 · 경제 · 군사적 기능을 수행하여 왔으며, 또한 영남 사림의 전통을 이어받아 교육과 문화의 용광로 역할을 하고 있다.

## 한반도 남동부 내륙의 중심 도시

대구는 우리 국토의 남동부 영남 내륙의 중심에 위치한다

대구는 우리나라 남동부 낙동강 유역 분지를 중심으로 형성된 영남지역의 중심부에 위치하고 있다. 경북의 남쪽 끝자락에 해당하며 북쪽 끝의 팔공산 정상인 비로봉을 기점으로 북동쪽에서 남서쪽으로 걸친 장방형의 모양이다. 마치 낙동강을 끼고 태백산맥을 뛰어넘어 동해로 비상하려는 한 마리의 살진 '잉어' 형상을 하고 있다.

영남의 내륙에 위치한 대구는 북쪽으로는 팔공산, 남쪽으로는 앞산과 비슬산, 서쪽으로는 와룡산, 동쪽으로는 완만한 구릉지로 둘러싸인 분지형 도시이다. 신천이 시가지를 가로질러 흐르고, 동서로는 금호강이 관류하여 대구시 영역의 서쪽 끝자락에서 낙동강과 합류한다. 대구광역시의 동쪽은 경북 경산시와 영천시, 서쪽은 고령군과 성주군, 남쪽은 경남 창녕군과 경북 청도군, 북쪽은 칠곡군과 군위군 등 8개의 시 · 군과 접하고 있다. 이들 시 · 군은 대구 대도시권에 해당하는 지역으로, 일부는 주거와 교육 및 공업 기능을 분담하며, 그 외 지역들은 산업 부문을 중심으로 한 배후 지역을 이루고 있다.

대구의 남북은 산이 높고 험하여 통행에 제약을 받아 왔으나, 이 점이 오히려 외적 방

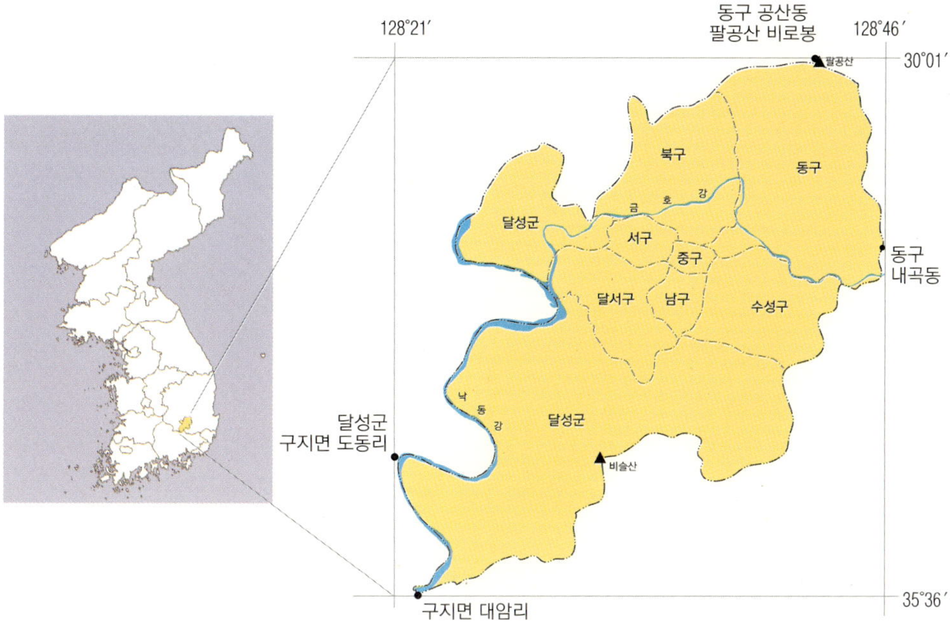


그림 1-2 대구광역시의 수리적 위치와 형상

그림 1-3 대구광역시의 관계적 위치(구글 지도)

어에는 유리하여 일찍부터 군사적 요충지를 이루었다. 또한 낙동강과 금호강 유역은 농경의 무대이자 대구를 남북, 동서로 연결하는 중요한 교통로이기도 하였다. 이처럼 대구는 내륙 분지로서 외부와 단절된 듯하지만, 광역적으로는 낙동강이라는 대하천의 중류에 위치하여 내륙과 항구를 연결하는 교통의 중간 기착지 역할을 수행하기에 유리하다.

근대화 이후, 대구는 경부선 철도와 경부고속국도의

중간 요지로 서울과 대전, 부산 등 대도시와의 접근성이 뛰어난 곳으로서, 특히 부산과 함께 영남지역 경제 발전의 한 축을 담당하였다. 지금은 대구 · 경북 광역 경제권의 거점 도시로서 구미, 경산, 포항을 연결하는 네트워크 도시의 중추적 역할을 담당하는 동시에, 울산과 창원을 비롯한 영남 경제권의 연구 · 개발(R&D) 및 인재 양성의 거점으로 재도약하고 있다.

## 영남 행정의 중심지

조선시대 경상감영이 대구에 설치된 이후, 대구가 영남 행정의 중심지가 되었다

대구시는 과거 영남의 행정 중심지에서 오늘날 정치, 행정, 경제 및 교육 등의 복합적인 기능을 수행하는 세계적 규모의 거대도시로 발전하였다. 그렇다면 대구는 언제부터 어떻게 영남의 중심지로 발전하게 되었을까?

삼국시대의 대구는 신라의 수도 경주의 서쪽 관문으로 고구려, 백제와 통하는 교통의 중심지이면서, 또한 수도를 방위하는 군사적 요충지였다. 이러한 위치적 장점과 상당한 규모의 분지라는 지형적 특성으로 인해 신라가 삼국을 통일한 후 새로운 수도 예정지로 거론되면서, 영남지역의 행정 중심지로 발전할 수 있는 잠재력을 보여 주었다.

고려시대에는 '경상도'라는 행정 명칭에 '대구'가 없는 사실에서 볼 수 있듯이, 당시 경주와 상주보다도 위상이 낮은 지방 행정 단위의 말단인 현에 머무르게 되었다. 이는 고려 개국 초기에 있었던 공산 전투의 후유증이라고 생각된다. 그러나 신천과 금호강, 그리고 낙동강 유역의 비옥한 평야지대를 끼고 있는 대구는 조선 초기에 농업의 중심지로서 인구가 점차 증가하고 지리적 중요성이 다시 부각되자, 현에서 군으로, 다시 도호부로 그 위상이 강화되었다.

조선시대 중기에 우리나라가 임진왜란을 겪으면서 대구는 교통 및 군사적 요충지로 재인식되었다. 행정과 군사 기능이 상호 밀접한 관계를 유지하던 당시의 상황 때문에 대구가 행정 중심지로 발전할 수 있는 계기가 마련되었다. 실제로 1601년에 대구에 경상감영이 설치되고 나서, 대구는 본격적으로 경상도의 행정 중심지가 되었다.

감영이 설치된 후, 대구는 경상도 전체를 총괄하는 감영(監營), 대구 도호부를 관할하는 부아(府衙), 그리고 대구 진관의 군사 행정을 위한 진영(鎭營)이라는 삼원적인 행정 체계를 갖추게 되었다. 뿐만 아니라 대구부는 수성현과 해안현, 하빈현을 흡수하였다.

그림 1-4 경상감영의 정청인 선화당과 대구부 읍성 지도(1736년 이후, 〈여지도〉의 부분)
2013년 10월 26일 촬영, 지도 자료 출처: 서울대 규장각 제공

숙종 때에는 화원현과 풍각현까지 통합하여 그 영역을 확대하였다. 대구는 경상도 감영 소재지로서 행정 중심지의 기능을 수행하기도 하였지만, 감영에서 열리는 약령시와 읍성 밖의 서문시장이 활기를 띠면서 상업도 발달하게 되었다. 특히 낙동강 중류의 금호강 합류 지점에 위치해 있다는 점으로 인해, 대구는 편리한 교통과 넓은 배후지를 바탕으로 물산 집산지로서의 기능이 크게 강화되었다.

이러한 과정을 거쳐 대구는 영남의 중심지로 성장하였다. 오늘날에도 경상북도 도청, 대구 고등법원, 경상북도 교육청, 경북 지방 경찰청, 경북 체신청, 대구 경북 노동청, 대구 경북 지방 병무청, 그리고 군사 기관인 2군사령부와 5군수지원사령부, 미8군사령부, K2, 국군 대구 병원(경산시로 이전) 등, 대구뿐만 아니라 경북을 아우르는 주요 공공기관들이 대구에 입지하였다.

## 문화 융합의 본거지, 대구

대구는 영남 지방의 다양한 문화의 용광로로서 문화 융합의 본거지가 되었다

오늘날 대구의 문화적 상징은 무엇일까? 대구는 신라와 고려의 불교, 조선의 유교, 그

리고 근대의 천주교와 기독교에 이르기까지 시대와 분야를 망라한 다양한 문화를 융합하여 미래를 향한 새로운 문화로 승화시켜 가는 영남 문화의 용광로 역할을 수행하고 있다.

대구의 불교문화는 5세기 아도화상이 신라에 불교를 전파한 이래, 팔공산과 비슬산을 중심으로 발전하였다. 팔공산은 신라 오악의 중심인 중악으로 불리면서, 왕실의 지원을 받아 동화사와 부인사 등이 이곳에 세워졌다. 또 비슬산에는 유가사와 용연사 등이 건립되었다. 특히 대구의 불교는 호국 불교의 전통이 강하다. 고려 무신 집권기에 팔공산 부인사에 거란의 침입을 불심으로 물리치고자 만든 『초조대장경』이 봉안되었고, 임진왜란 때에 팔공산 동화사가 사명대사의 승군 지휘소 역할을 수행하였다. 이러한 전통을 이어받은 팔공산 동화사는 현재 대한 불교 조계종 제9교구 본사로서 기능을 하고 있다. 또 통일대불이 이곳에 안치되어 있어 호국 불교의 정신을 드높이고 있다.

유교는 조선의 지배 이념이자 사상으로서 당시 정치와 학문, 생활 윤리로 정착되었다. 대구에서 유교 문화는 대구향교와 도동서원, 연경서원 등을 중심으로 조선 성리학의 큰 맥인 영남학파를 융합하는 역할을 담당하였다. 16세기 후반에 영남학파가 퇴계학파와 남명학파로 양립하면서 분열의 조짐이 있을 때, 대구 사림은 중립적 입장에서 두 학파의 입장을 포용하는 학풍을 이루었다. 당시 대구지역의 유학은 김굉필에서 출발한 도학적 삶의 방식이 이황과 조식에 의해 구체화되는 과정에서 차별화 경향을 보였지만, 정구에 의해 극복되고 승화되어 영남학파를 이루게 되었다.

근세 이후에 대구는 천주교와 기독교의 중심지로서의 역할을 수행하였다. 조선시대 말기에 천주교 박해가 심했을 때, 경상도 전역의 천주교인들은 당시 경상감영이 있던 대구에서 처형되거나 순교하였다. 현재 대구시 중구에 위치해 있는 아미산 기슭의 관덕정 순교 기념관과 팔공산의 한티 순교 성지가 가장 대표적인 천주교 성지이다. 대구에는 서울과 평양에 이어 국내에서 세 번째로 성당이 세워졌는데, 중구의 계산성당이 그것이다. 계산성당은 고딕 양식의 근대 건축물로도 가치가 크지만, 우리나라 초대 추기경인 김수환 추기경을 배출하였다는 점에서 그 가치를 인정받는, 대구 대교구의 주교좌 성당이다.

1800년대 말에 미국 북장로회의 베어드와 아담스가 대구에 정착하면서 기독교 선교 활동이 시작되었다. 1898년에 대구 · 경북 최초의 교회인 제일교회가 건립되었고, 이를 중심으로 선교사들이 선교 활동과 교육 · 의료 사업을 병행하면서 경북으로 교세가 확장되었다. 제일교회는 현재 지방 유형 문화재 제30호로 지정되어 있다. 제일교회의 주

그림 1-5 도동서원 중정당과 한강 정구 선생 영정
2013년 10월 13일 촬영, 출처: 청주 정씨 문목공 청장년회(http://cafe.daum.net/hangangdescendant)
도동서원은 한훤당 김굉필 선생의 학덕을 기리는 서원으로, 그의 외증손인 한강 정구 선생에 의해 세워졌다. 현재 이곳에 정구 선생도 함께 배향되어 있다.

춧돌은 대구읍성의 성벽돌을 이용한 것이다. 따라서 제일교회는 대구지역의 근대 건축사 연구의 귀중한 자료로 평가되고 있다.

대구의 문화와 예술은 조선시대 영남 사림의 학문과 교육 활동이 그 근간을 이루었다. 그 전통은 1945년의 광복 이후에도 이어져, 대구의 문화 · 예술인들은 민족의 애환을 그리는 창작 활동을 적극적으로 전개하였다. 이는 곧 현대 한국 문화 · 예술의 밑거름이 되었다.

조선시대 초기의 대학자였던 서거정은 대구를 대표하는 문인이다. 그는 자신의 고향인 대구에 대한 관심과 사랑이 남달랐다. 그래서 대구의 절경 10곳을 골라 「대구십영(大丘十詠)」이라는 시(詩)로 그 아름다움을 묘사하여 남겼다. 그 가운데 금호강과 도동 측백나무 숲, 동화사와 팔공산 등은 오늘날에도 대구를 대표하는 명소로 사랑받고 있다. 또한 조선 성리학의 적자로 추앙받는 김굉필 역시 대구 사람이다. 그는 김종직의 문하에서 공부한 영남 사림파의 중심인물이었다. 그의 처신과 자세는 당시 사대부들의 귀감이 되어 도동서원에 배향되었다.

대구의 문화 · 예술계는 일제강점기라는 우리나라 문화 · 예술의 암흑기에도 이상화, 현진건 등등으로 대표되는 수많은 민족예술인을 배출하였다. 이상화와 현진건은 각각 시와 소설을 통해 일제의 식민 통치를 비판하며 우리나라 사람들의 민족혼을 일깨웠으며, 일제에 대한 저항을 몸소 실천하였다. 박태준은 청라언덕으로 유명한 가곡「동무 생각」을 작곡하였고, 현제명은「희망의 나라로」를 작곡하여 홍난파와 함께 서양 음악을 전파하는 데 기여하였다. 또한 천재 화가 이인성과 이쾌대는 근대 서양화의 발전에 큰 영향을 끼쳤다.

광복 이후의 대구지역 문단은 신문, 잡지, 작품집을 통한 활동이 활기를 띠었다. 이윤수가 창간한 시동인지『죽순』이 대표적이다. 당시『죽순』을 통해 유치환, 박목월, 이호우 등이 시를 발표했으며, 그 동인회는 전국 규모의 문학회로 발전하여 현재도 지역 문학의 명맥을 잇고 있다.

이처럼 대구지역의 교육과 문화 · 예술의 깊은 전통은 대구가 오늘날 교육 · 문화 도시로서 성장하는 데 그 바탕을 이루었다. 또한 지금 대구는 그 문화와 경주의 신라 문화, 안동의 유교 문화, 고령의 가야 문화 등을 연계하여 동북아 문화 관광의 중심지로 거듭나기 위해 노력하고 있다.

### 더 알아보기

1. 대구가 위치적 특성을 살리기 위해서는 어떤 노력이 필요할까?
2. 대구가 영남의 행정 중심지로 발전하게 된 시대적 배경은 무엇이었을까?
3. 다양한 문화를 융합한 대구의 신문화는 대구 발전에 어떤 영향을 미칠까?

# ‘대구’라는 삶터의 뿌리와 이름, 그리고 영역

대구라는 삶터의 뿌리는 구석기 시대부터 선상지와 하천변에서 시작된 것으로 보인다. 오늘날의 ‘대구’라는 이름은 ‘큰 산으로 둘러싸인 언덕이 많은 벌판’이라는 ‘달구벌’에서 유래하였다. 대구 사람들의 삶의 공간은 신천 유역의 구릉지에서 금호강을 넘어 낙동강에 이르고 있다.

## ‘대구’라는 삶터의 뿌리

대구에는 1만~2만 년 전인 구석기 시대부터 사람이 살기 시작했다

대구는 지금까지 밝혀진 바로는 구석기 시대부터 사람이 살아온 매우 유서 깊은 삶터이다. 구석기 시대의 거주지로 추정되는 선상지와 바위그늘에서부터 고인돌과 토성, 고분군 등에 이르기까지 각종 선사 유적을 통하여 대구 옛사람들의 삶터의 위치와 그 모습을 확인할 수 있다.

대구지역에는 구석기 시대 유물인 ‘좀돌날 석기’를 비롯한 유적으로 미루어 약 2만 년 전부터 사람들이 살아온 것으로 보인다. 해당 유적이 발굴된 달서구 월성동 일대는 앞산의 달비골에서 펼쳐진 월배 선상지 지역이다. 당시 구석기인들은 앞산과 진천천을 배경으로 수렵과 어로를 하면서 이곳을 삶의 터전으로 삼았던 것 같다. 또한 수성구 파동 산기슭에는 ‘바위그늘(岩陰)’ 유적이 있다. 이곳에서 나온 ‘인공이 가해진 강자갈’을 통해서도 구석기 시대의 대구인들은 산지와 하천이 만나는 접촉 지대를 삶의 무대로 삼았음을 짐작할 수 있다.

신석기 시대 거주지 유적으로는 빗살무늬 토기와 움집터 등이 발굴된 수성구 상동과 중구 대봉동, 북구 서변동 일대가 대표적이다. 상동 지석묘 유적은 신천의 자연 제방이

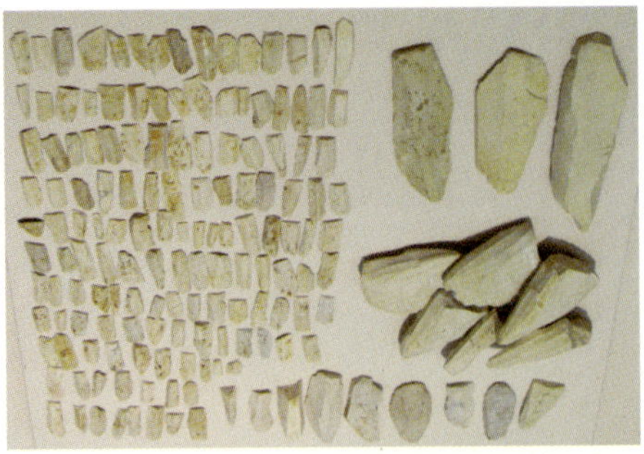

그림 1-6
달서구 월성동의 구석기 유물
2014년 3월 9일 촬영, 출처: 국립대구박물관 제공

'좀돌날'은 날카로운 단면을 가진 돌조각으로, 요즘의 '커터 칼'과 비슷한 도구이다. 나무껍질을 벗기거나 짐승 가죽과 살을 분리할 때, 물고기를 손질할 때, 옷감을 재단할 때 유용하게 쓰였다.

그림 1-7 수성구 파동의 '바위그늘' 유적
2014년 1월 3일 촬영
'바위그늘'은 신천에서 가까운 산기슭에 있는 큰 바위로, 구석기인들이 비바람을 피하며 살았던 주거지로 추정된다. 장암사 입구에서 왼쪽으로 약 80m 지점에 위치해 있다.

며, 서변동 유적은 동화천의 범람원 충적지에 해당한다. 이를 통해 볼 때, 신석기 시대 사람들은 대구분지의 소하천 충적지나 자연 제방을 무대로 어로와 채집 및 농경을 하며 살았을 것이다.

청동기 시대의 삶터는 고인돌의 분포를 통해 짐작할 수 있다. 고인돌은 도시화 과정에서 대부분 사라졌으며, 현재 대구에 남아 있는 고인돌은 상동, 진천동, 대봉동 유적이 대표적이다. 상동은 신천의 자연 제방과 배후 습지로 이루어진 수성들을, 그리고 진천동은 진천천 유역의 선상지를 농경의 주요 터전으로 삼았던 것 같다. 초기 철기 시대의 삶터는 연암산과 침산의 구릉지를 제외하면 대부분의 생활 유적은 평지에, 무덤 유적은 대체로 구릉지에 분포하는 경향이 강하다. 이렇게 볼 때, 청동기 시대와 초기 철기 시대

그림 1-8 불로동 고분군
2013년 11월 23일 촬영

에는 하천의 충적지인 선상지와 자연 제방 등이 주요한 삶의 터전이었음을 알 수 있다.

1세기 이후의 초기 국가 시기와 삼국시대에 대구인의 삶터는 종래 하천에 인접한 충적지에서 점차 구릉지로 옮겨 간 것으로 보인다. 당시 변한 12국의 하나인 달구벌국은 달성토성 일대에 위치해 있었던 것으로 추측된다. 왜냐하면 달성토성 주변의 비산동과 내당동, 평리동에 분포하는 고분군이 규모도 크고 그 밀도가 높기 때문이다. 그 외에도 토성과 연계된 고분군으로 용두토성 주변의 대명동 고분군, 검단토성 주변의 복현동 고분군, 봉무토성 주변의 봉무동과 불로동 고분군 등이 있다.

이러한 토성과 고분군의 유적을 통하여 당시 대구분지에는 달성토성의 주변 지역 외에도 대구천과 신천, 금호강 등의 하천과 인접해 있으면서도 범람의 위험이 적은 구릉지를 중심으로 상당한 규모의 집단적인 삶터가 형성되어 있었음을 알 수 있다.

## '달구벌'이 '대구'로

### 대구는 '達句伐'에서 '大丘', 그리고 '大邱'로 이름이 바뀌어 오늘에 이르고 있다

'대구'란 지명은 '달구벌'에서 유래하였다. 신라 경덕왕 때 '달구벌'은 '대구(大丘)'라는 한자어로 바뀌었다. 그 이후 고려시대를 거쳐 줄곧 쓰이던 이 지명은 조선 후기에 '구

그림 1-9 달성공원(달성토성)
2013년 12월 26일 촬영

(丘)'자가 '구(邱)'로 바뀐 이래 현재까지 '대구(大邱)'로 사용되고 있다.

대구는 역사시대 초기부터 '달벌', '달구벌', '달구화' 등으로 불려 왔는데, '달구벌'은 오늘날에도 흔히 쓰이는 친근한 옛 지명이다. 역사 기록에 등장하는 '달구벌'은 어떠한 의미이며, 또한 어떻게 해서 '대구'로 변해 왔을까?

'달구벌'이라는 지명의 '달'은 '크다, 높다'라는 뜻이며, '구'는 '언덕'을 뜻하고, '벌'은 '넓은 들판'이라는 뜻이다. 즉, '달구벌'은 '큰 산으로 둘러싸이고 언덕이 많은 넓은 들판'으로, 큰 규모의 분지를 의미하는 지명이다. 이렇게 보면, '달구벌'은 '땅의 생긴 모양'인, 지역의 '형상'에서 비롯한 지명이라고 할 수 있다.

'달구벌' 또는 '달구화현'으로 불리던 것이 신라 경덕왕의 중국식 지명 표기 정책으로 757년에 한자어인 '대구현(大丘縣)'으로 바뀌었다. 이것은 '지방 군현은 두 글자의 한자어로 바꾼다'는 기준에 따른 것으로, '달구'만을 '대구'로 따서 개명한 것이다. 이때 개칭된 '대구(大丘)'는 오늘날 '대구'라는 지명의 원형을 이루고 있다. 그 이후 '대구(大丘)'라는 지명은 고려시대를 거쳐 조선시대 중기에 이르기까지 지방 제도와 행정 구역의 변화에도 불구하고 변함없이 사용되었다.

그러다가 조선 후기 영조 때에 이르러 대구의 한자 표기를 '대구(大邱)'로 바꾸어야 한다는 주장이 제기되었다. 당시 이양채라는 유생이 대구(大丘)의 '구(丘)'자가 공자의

그림 1-10 **대구 영역의 통일신라시대 군현 분포**

통일신라 경덕왕 때의 군현 분포가 오늘날 대구시 영역의 기초를 이루었다. 최근에는 달성군이 대구의 영역에 포함되어, 대구가 낙동강을 품은 광역시로 성장하였다.

이름인 '구(丘)'와 같아 성현의 이름을 함부로 부르게 되어 좋지 않으니 이를 바꾸자고 상소한 것이다. 그러나 영조는 지명 개정의 이유가 합당하지 않다고 하여 이를 허락하지 않았다. 그럼에도 불구하고 '구(丘)'자와 '구(邱)'자가 섞여 사용되었다. 그러다가 '대구(大邱)'라는 한자어 명칭이 『조선왕조실록』에 본격적으로 표기된 것은 1778년(정조 2년)부터이다. 이는 성리학이 지배적이던 당시의 시대적 분위기가 반영된 결과라고 할 수 있다. 이때부터 '대구(大邱)'라는 명칭은 공식적인 지명이 되어 현재에 이르고 있다.

## 대구의 영역, 금호강을 넘어 낙동강을 품다

### 대구는 신천에서 금호강을 넘어 낙동강을 품은 큰 고을로 확장되었다

'달구벌'로 불리던 시기, 삶터로서 대구의 영역은 달성토성을 중심으로 하는 신천의 서쪽 지역이었던 것으로 추측된다. 이 지역이 신라의 지배하에 들어간 5~6세기에는 기존의 소국이 군현으로 재편되었다. 통일 후 685년(신문왕 5년)에 대구지역은 삽량주 소속의 1개 군과 4개 현으로 편성되었다. 757년(경덕왕 16년)에는 군현의 영역은 그대로 유지되면서 명칭만 중국식으로 바뀌었다. 즉, 위화군은 수창군으로, 달구화현은 대구현으로, 팔거리현은 팔리현으로, 다사지현은 하빈현으로, 설화현은 화원현으로 바뀌었다. 이때 개명된 '수창군'은 신천의 동쪽 영역으로, 오늘날의 수성구와 달성군 가창면 지역이다. '대구현'은 오늘날의 중구와 주변의 시내 지역으로, 신천에서 서쪽 구릉지까지가 이에 해당한다.

이후 신라시대 말기에서 고려시대 초기에 걸쳐 고려와 후백제 간의 충돌이나 고려의 건국이라는 정치적인 변화가 있었음에도 불구하고 대구의 영역은 크게 변하지 않았다. 그러나 1143년(인종 21년), 대구현이 현령관(縣令官)으로 승격되면서 중앙 관리가 파견되고 인근의 화원현과 하빈현을 속읍으로 거느리게 되었다. 그리고 비록 일시적이기는 하지만 충렬왕 때는 의성현을 속읍으로 통합하기도 하였다.

조선의 건국으로 대구현은 그 위상이 크게 변화하였다. 먼저 1394년(태조 3년), 대구현에는 기존의 하빈현 외에 수성현, 해안현이 새로 추가된 반면에, 화원현이 대구현에서 분리되어 다시 상주목으로 이관되었다. 그 후 1419년(세종 1년)에는 현에서 군으로, 1466년(세조 12년)에는 다시 도호부로 종래 대구현의 위상이 격상되었다. 그러나 그 영역 자체는 별다른 변화가 없었다.

그러다가 임진왜란 이후 1601년(선조 34년)에 경상도 감영이 안동부에서 대구부로 옮겨지면서 대구의 영역도 크게 바뀌었다. 즉, 감영의 경비 조달을 목적으로 대구부가 인근의 경산, 하양, 화원 등 3현을 통합하게 되었다. 그 결과, 대구부는 대구 본읍을 비롯하여 수성, 하빈, 해안현과 경산, 하양, 화원현을 포괄하는 큰 고을이 되었다.

그 후 1608년(선조 40년) 충청 · 전라 · 경상도의 감영이 폐지됨에 따라 경산현과 하양현이 하나의 독립 현이 되어 대구부에서 분리되었다. 그러나 1684년(숙종 10년) 3월에 대구에 감영이 다시 설치됨에 따라, 성주 소속의 화원 8면과 밀양 소속의 풍각 4면이 대구부로 이관되었다. 이때 대구부는 대구 본부와 5현(수성, 하빈, 해안, 화원, 풍각) 소속의 34면을 포괄하는 경상도의 중심지로서 명성에 걸맞은 영역을 확보하게 되었다.

그 후 1895년에 지방 행정 체제가 8도제에서 23부제로 변경되었는데, 이때 대구는 대구부의 부청 소재지로 그 지위와 영역이 축소되었다. 그러다가 1896년에 13도제로 바뀌자, 대구가 다시 경상북도의 도청 소재지가 되었다. 당시 대구군의 범위는 조선 후기에 확정된 대구도호부 당시의 영역 중에서 풍각의 4면이 청도군으로 이관된 것 외에는 그대로 유지되었다. 이상과 같이 경상감영과 경상북도 도청의 소재지로서 영남의 행정 중심지 역할을 한 대구는 그 영역이 당초 신천과 금호강 유역 중심에서 낙동강 유역까지 확장되어, 대도시로 발전할 기반을 갖추게 되었다.

—

### 더 알아보기

1. 대구가 구석기 시대부터 삶터로 자리 잡게 된 이유에 대하여 살펴보자.
2. 대구의 옛 이름인 '달구벌'과 관계된 지명을 찾아 그 뜻을 알아보자.
3. 대구의 영역이 변화하게 된 계기와 의미를 찾아보자.

# 국난 극복의 교두보

'대구'라는 삶터는 큰 산으로 둘러싸인 분지로 농경과 방어에 유리한 지역이다. 따라서 구석기 시대부터 삶의 터전이 되어 왔고, 또한 역사적 변환기와 큰 전란이 있을 때마다 군사적 요충지의 역할을 수행하였다.

## 호국 불교의 성지, 팔공산

팔공산은 국가가 위기에 처할 때마다 호국 불교의 성지 역할을 하였다

팔공산은 신라시대에 오악(五嶽)의 중심인 중악(中嶽) 또는 부악(父嶽)으로 숭상되어 국가적 제사가 이뤄지던 산이다. 불국토 사상의 영향으로 왕실의 지원을 받아 이곳에 동화사와 부인사, 파계사, 은해사 등 많은 절이 세워졌다. 특히 동화사와 부인사는 왕가에서 국가의 안녕과 왕족의 명복을 기원하는 절로 주목받았다. 또한 후삼국시대에는 이곳에서 패권 다툼이 치열한 공산 전투가 벌어졌는데, 당시 후백제 견훤 부대에 포위된 고려 왕건을 신숭겸 등 8명의 장수가 목숨을 걸고 구출함으로써 팔공산이란 이름이 생기게 되었다는 이야기가 오늘날까지 전해지고 있다.

고려시대 중기 무신집권기에 팔공산은 도탄에 빠진 나라를 구하기 위하여 대구 사람들이 승려들과 함께 동화사를 거점으로 반(反)무신 봉기를 일으킨 무대였다. 또한 부인사는 거란의 침입을 불력으로 막기 위해 만든 초조대장경이 이곳에 봉안될 정도로 호국 불교의 중심지였다. 그러나 안타깝게도 초조대장경은 몽골 침입 때에 황룡사 9층 목탑과 함께 불타 버렸다. 몽골의 제5차 침입 때는 대구지역 주민들이 공산성에 들어가 끝까지 항몽 투쟁을 전개하였다. 이러한 대몽 항쟁은 고려인들에게 더 큰 불심을 불러일으켜 합천 해인사의 팔만대장경이 만들어지는 계기가 되었다.

그림 1-11 동화사 봉서루와 그 뒤편의 '영남치영아문' 편액
2011년 7월 24일 촬영

조선시대 중기 임진왜란 시기에, 왜군이 대구에 주둔하였다. 당시 대구는 엄청난 피해를 입었지만, 이 같은 전쟁을 거치면서 대구의 지리적 중요성이 크게 인식되었다. 그로 인해 이곳에 경상감영이 설치되었고, 이윽고 대구가 군사적 요충지로 부각된 것이었다.

특히 팔공산은 임진왜란 때 사명대사가 승병을 양성하고 통솔한 곳으로 유명하다. 사명대사는 승군을 통괄하는 '영남도총섭'의 역할을 맡아 팔공산 동화사에 '영남 승군사령부'를 설치하여 승군을 훈련시키고 지휘하였다. 현재 동화사의 봉서루 뒤편에는 '영남치영아문(嶺南緇營牙門)'이라고 적힌 편액이 대웅전을 향해 걸려 있다. '치영(緇營)'은 승려로 이루어진 군영을, '아문(牙門)'은 군인들이 주둔하는 경내를 일컫는 말로, 이 편액은 동화사 봉서루가 임진왜란 당시 사명대사가 승병을 지휘한 본부였음을 알려준다.

이러한 전통을 이어받아 팔공산 동화사는 오늘날 대한 불교 조계종 제9교구 본사로서 기능을 하고 있다. 또 통일약사여래대불(통일대불)이 안치되어 호국 불교의 정신을 이어 가고 있다.

## 임진왜란의 영웅 곽재우를 비롯한 의병들의 활동 무대

대구지역의 의병들은 곽재우를 중심으로 우배선, 권응수 등이 연합하여 왜군의 침입을 물리쳤다

현재 대구시 동구 효목동의 금호강 절벽 위 언덕에는 망우당 공원이 있다. 이 공원은 임진왜란 때 전국 최초로 의병을 일으키고 낙동강 일대에서 왜적을 무찌른 의병장 곽재우의 공을 기리기 위해 만든 호국 공원이다. 이곳에서는 국난을 당했을 때 의롭게 일어나 나라를 지키는 일에 앞장섰던 영남의 선비 정신을 찾을 수 있다.

임진왜란 당시, 대구는 왜군의 진군로 가운데 중로에 위치해 있었다. 그래서 대구는 팔공산과 낙동강, 금호강 일대가 전투의 중심지가 되었다. 1592년 4월에 임진왜란이 일어나자, 41세의 곽재우는 외가인 경남 의령에서 의병을 일으켰다. 최초의 전투에서 그는 1592년 5월 초에 낙동강과 남강이 만나는 기강에서 왜군의 보급로를 끊어 현풍, 창녕, 영산에 주둔한 왜군을 물리쳤다. 그달 말에는 함안에서 남강을 건너 의령으로 침입하는 왜군을 정암진에서 격멸시켰다. 이 정암진 전투에서의 승리로 그는 남강과 낙동강 유역을 지켜 내고, 왜군의 전라도 진출을 저지하였다. 이는 호남의 곡창 지대를 보전하여 군량미의 원활한 공급을 도와, 이순신 장군의 수군이 안전하게 활동할 수 있는 토대를 마련하였다. 곽재우 장군은 그해 10월에 김시민의 제1차 진주성 전투도 지원했다.

1597년 정유재란 때, 곽재우는 경상좌도 방어사의 직책으로 산성의 중요성을 강조하면서 현풍의 석문산성을 보수하다가, 왜군이 침입하자 창녕의 화왕산성으로 옮겨 가서 성을 굳게 지켜 왜군의 침입을 막았다. 특히 그는 남명 조식 문하의 정인홍, 김면 등과 함께, 현풍을 비롯해 성주, 고령, 거창, 합천, 의령 등 경상도 서부 지역에서 왜군에 맞서 싸웠다. 곽준은 임진왜란 때에는 고령에서 창의한 김면 부대에 들어가 거창 전투에서 승리를 거두었는데, 정유재란 때는 안음 현감으로 자식들과 함께 함양의 황석산성을 지키다가 순국하였다. 곽재우의 의병군은 정규 훈련을 받지 못한 농민들이 많았지만, 지역의 지형지세를 이용한 유격 전술을 구사하여 효과적인 전투를 벌였다. 당시 의병을 이끈 지도층 인물들 중에는 남명의 문인들이 많았는데, 이들의 학맥과 인맥으로 인해 조직의 유대감이 강하였다.

팔공산을 비롯해, 현재 대구시 동구, 북구, 수성구, 가창 일대의 지역은 임진왜란 당시 영천 · 신녕 출신 의병장 권응수 장군이 왜군의 침입을 막은 곳이다. 대구의 서남쪽인

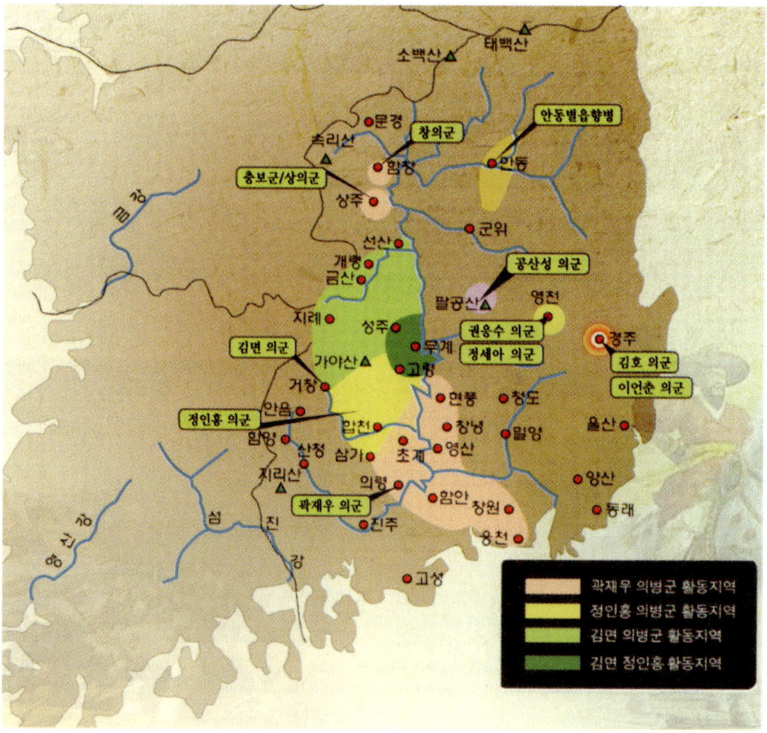


그림 1-12 대구 및 주변 지역의 의병 활동
출처: 임란호국영남충의단 팸플릿

현재 달서구와 화원, 비슬산, 낙동강 일대는 당시 우배선 장군이 곽재우 장군과 전략적으로 연계하여 싸운 곳이다.

한편, 당시 우배선은 소수 정예 부대를 이끌고 비슬산과 낙동강에서 왜군과 대적하였다. 그 후에는 화원, 고령, 성주, 대구, 비슬산, 최정산, 낙동강 일대에서 신출귀몰한 게릴라 전술로 수백 명의 왜적을 쳐부수는 등 혁혁한 전공을 세웠다. 우배선의 의병진은 관군이나 다른 의병 부대와 협력 관계를 유지하며 연합 작전을 펼쳤다. 그 공으로 그는 1595년에 합천 군수로 임명되었고, 1597년 9월에는 관찰사 이용순, 의병장 권응수와 합세해 달성에서 왜적을 격파했다.

이러한 활발한 의병 활동의 영향은 이후에도 이어졌다. 대한제국 말기에 왕산 허위는 을미사변에 항거하여 의병을 일으켰으며, 또한 을사의병과 정미의병을 일으켜 활동하였다. 일제강점기에는 왕산 허위의 제자인 박상진이 윤상태, 이시영, 서상일 등 영남 지역 독립투사들과 함께 조선 국권 회복단을 결성하여 3 · 1 만세 운동을 주도하였다.

## 국권 수호의 상징, 국채 보상 운동

대구에서 시작된 국채 보상 운동은 일제에 빼앗긴 국권을 되찾으려는 국민운동이었다

최근 전 세계적으로 금연 운동이 활화산처럼 번지고 있다. 그런데 약 110년 전인 1907년, 대구에서 '금연' 운동이 전개된 적이 있다. 당시 대구 사람들은 금연을 통해서 일제에 빼앗긴 국권을 회복하고자 하는 '국채 보상 운동'을 전개했던 것이다. 1905년에 일본은 을사늑약을 통해 대한제국의 외교권을 빼앗고 그 경제를 파탄에 빠뜨려 일본에 예속시키기 위한 방법으로 대한제국 정부에 차관을 도입하게 하였다. 일제가 대한제국 정부에 억지로 떠넘긴 차관 부채 1,300만 원은 대한제국 정부의 1년 예산과 맞먹는 거액으로, 당시 정부의 재정 상태로는 도저히 갚을 수 없는 큰 부담이었다.

당시 개화파 지식인들은 근대적 교육을 통해 민족의 힘을 길러 국권을 회복하자는 '애국 계몽 운동'을 전개하였다. 대구에서는 1906년에 김광제와 서상돈 등이 대구 광문회를 조직하고 광문사를 설립해 신교육 운동을 펼쳤다. 1907년 광문사에서 서상돈과 김광제 등은 '일본에의 경제적 예속을 끊고 자주 · 자강을 이루기 위해서는 일본에 진 나라 빚을 갚아야 한다'는 내용의 「국채 1,300만 원 보상 취지서」를 발표하였다.

대구에서 시작된 국채 보상 운동의 소식은 『대한매일신보』를 비롯해, 『황성신문』, 『제국신문』, 『만세보』 등의 신문을 통하여 전국적으로 퍼져 나갔다. 그해 2월에는 이 운동을 총괄하기 위한 기구로 서울에는 '국채보상기성회'가 결성되고, 전국 각 지방에는 '국채보상소'가 설립되었다. 당시 대구에서는 부인들도 나라를 위하는 일에 패물을 내어서라도 국채 보상에 참여하고자 하여 '대구남산 국채보상부인회'가 발족되어 활동하기도 하였다. 이 무렵, 고종 황제의 금연 소식이 알려졌다. 그러자 고위 관료들도 금연에 동참하였고, 남녀노소 각계각층의 국민들이 금주와 금연, 절미의 방법으로 국채 보상 운동에 동참하게 되었다. 이리하여 국채 보상 운동은 일제의 침탈에 대한 전 국민적인 저항 운동으로 발전하였다.

국채 보상 운동은 이렇게 활발히 전개되어 갔으나, 신문과 언론에 대해 일제 통감부가 탄압을 가하고 핵심 단체인 대한자강회가 해산되자, 그 열기가 약화되었다. 1908년 6월에는 대한매일신보사 사장이던 베델이 상하이로 추방되고, 그해 7월에 양기탁마저 구속되었고, 운동은 사실상 막을 내렸다.

국채 보상 운동은 몇몇 유지나 관료층, 지배층의 손으로 나라를 구하겠다는 것이 아

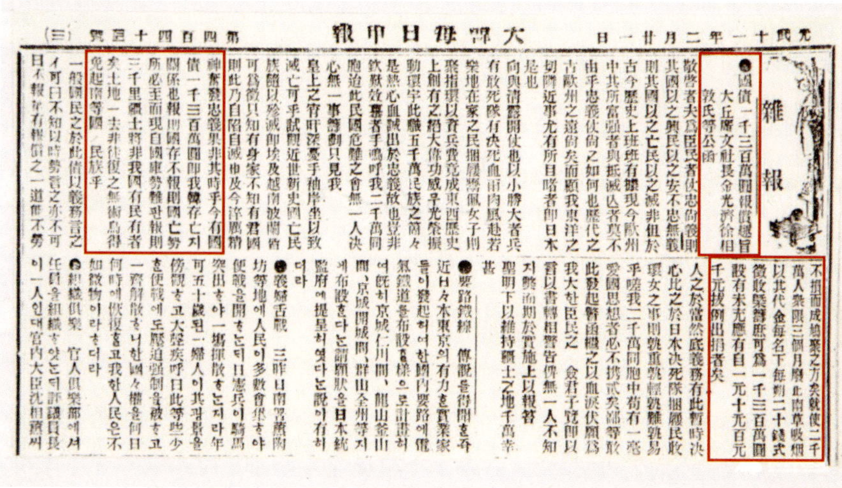

그림 1-13 국채 보상 운동 당시 「국채 1,300만 원 보상 취지서」 보도 기사(『대한매일신보』, 1907년 2월 21일자)
출처: 한국민족문화대백과사전(http://encykorea.aks.ac.kr)

취지서의 내용은 "국채 1천3백만 원은 바로 우리 대한제국의 존망에 직결되는 것으로 갚지 못하면 나라가 망할 것인데, 국고로는 해결할 도리가 없으므로 2천만 인민들이 3개월 동안 담배를 끊고 그 대금으로 매달 1인당 20전씩만 모은다면 나라 빚을 갚을 수 있다."라는 것이었다.

니라, 우리 민족 전체를 국채 보상의 주체, 국권 회복의 주체로 삼았다는 점에서 그 의미가 매우 크다. 일본에 진 나라 빚을 담뱃값을 모아 갚을 수 있다는 간단한 방법을 제시함으로써, 백성들의 적극적인 참여를 이끌어 낼 수 있었던 것이다. 또한 국채 보상 운동은 경제 살리기를 통한 국권 회복 운동으로 세계사에도 유례가 없는 국민운동이었다. 이 운동은 상인들에 의해 시작되었으나, 성금을 모으는 과정에서 농민과 부녀자에 이르기까지 수많은 민중이 참여하였기에 그 의미가 더욱 깊다.

국채 보상 운동을 시작한 대구 사람들의 정신은 1960년에 이승만 정권에 대한 반독재 투쟁인 2 · 28 의거의 시작으로 이어진다. 이는 또 그 뒤 4 · 19 혁명으로 연결되어 우리 나라의 민주주의 정착에 기여하였다. 또한 그 전통이 1997년 IMF 외환위기 때에는 금 모으기 행사로 변모하여, 당시 대구 사람들은 경제적 난국을 극복하는 데 큰 힘을 모았다. 지금 대구 시내 동인동에는 국채 보상 운동 당시에 대구 시민들이 국권 수호를 위해 기울인 노력과 그 정신을 기념하고 이어 가기 위해 만들어진 공원이 있다. 1999년에 옛 대구여자고등학교 자리에 '국채보상기념공원'이 조성된 것이다. 이 공원 안에는 달구벌 대종이 함께 있어, 대구의 나라 사랑 정신을 만방에 울리고 있다.

## 낙동강 방어선과 다부동 전투

낙동강 방어선과 다부동 전투의 승리로 6 · 25 전쟁의 전세는 역전되어 국군과 유엔군의 대대적인 반격과 인천 상륙 작전 성공의 발판을 제공하였다

1950년에 6 · 25 전쟁이 개전되자, 북한군의 파상적인 공세에 밀려 3일 만에 서울이 함락되었고, 그해 7월 20일에는 대전까지 점령당하였다. 이 와중에 대전에 있던 임시 수도는 7월 16일에 대구로 이전하였다. 북한군은 10만여 명의 병력으로 왜관, 군위, 영천 등 대구 외곽을 압박해 왔다. 이에 국군과 유엔군은 한반도를 지키고 수복 작전을 전개하기 위한 최후의 보루로 '낙동강 방어선'을 구축하기로 하였다.

낙동강 방어선은 남해안의 마산에서 상주 낙동리까지 낙동강을 따라 약 160km, 낙동리에서 동해안의 영덕까지 약 80km의 산악 지대를 연결하는 전선이었다. 이곳은 서쪽은 낙동강, 북쪽은 높은 산악 지형으로, 방어에 유리한 조건을 갖추고 있다. 국군과 유엔군은 이 '낙동강 방어선'을 사수하는 동시에 부산을 중심으로 마산, 대구, 영천, 포항을 연결하는 병참선을 구축하여 작전을 수행하였다.

낙동강 방어선 전투에서 가장 치열했던 격전지 중의 하나가 바로 다부동이다. 다부동은 대구에서 안동, 상주로 가는 길목에 위치하여 있으며, 삼국시대부터 교통 및 군사적 요충지였다. 조선시대에는 대구에서 한양으로 통하는 영남대로의 역원으로 많은 상인들이 이곳에 몰려들어 부자가 많았다고 하여 '다부원(多富院)'이라 불리던 곳이다.

대구 북방 22km 지점에 위치해 있는 다부동은 대구에서 안동으로 통하는 5번 국도와 중앙고속국도가 지나고, 왜관에서 팔공산 한티재로 향하는 79번 도로가 만나는 교차점에 해당한다. 마을 북서쪽에는 유학산(839m)이 있고 동쪽에는 팔공산 줄기인 가산(902m)이 있어, 험한 산중을 통과하는 요새와 같은 지형을 이루고 있다. 그래서 이곳 다부동에서 후삼국 쟁패기에는 왕건과 견훤이 혈투를 벌였으며, 임진왜란 때도 중요한 전투가 벌어졌다.

6 · 25 전쟁 당시에는 임시 수도이자 수많은 피난민이 몰려와 있던 대구를 방어하는 데 있어 다부동 일대가 가장 중요한 요충지였다. 만일 이 방어선이 돌파되면 국군과 유엔 연합군은 10km 남쪽의 도덕산 일대까지 철수하는 것이 불가피하였으므로, 대구가 적 포병의 사정권 내에 들어가게 되는 상황이었다.

이처럼 양측이 한 치도 물러설 수 없었던 다부동 전투에서는 무려 55일간 처절한 공방전이 벌어졌다. 국군 제1사단은 다부동 일대에 설정된 방어선에서 대구 함락을 목표로

그림 1-14
칠곡 다부동 전적지 기념관과 유학산 전경
2013년 12월 1일 촬영

공격해 오는 북한군에 맞서 싸웠다. 당시 북한군은 그해 8 · 15 광복절 행사를 대구에서 거행한다는 목표로 대구 공략을 위해 5개 사단을 투입하여 필사적인 공격을 해 왔다. 이에 대해 국군은 제1사단과 제8사단을 주축으로 미 제1기병사단과 학도병, 경찰까지 포함한 열세한 전투력으로 북한군의 8월 총공세를 저지해 내어, 결국 대구를 사수하였다.

이후 낙동강 방어선의 왜관 지역에서는 유엔군이 B-29 폭격기에 의한 융단 폭격으로 북한군을 초토화시켰고, 영천 지역에서는 국군이 북한군 제15사단을 전멸시켰다. 다부동 전투는 국가 위기에 직면한 6 · 25 전쟁의 불리하던 전황을 극복하고, 국군과 유엔군이 공세로 전환하여 인천 상륙 작전이 성공할 수 있는 발판을 마련하였다.

이처럼 대구지역은 6 · 25 전쟁을 비롯한 수많은 전란 속에서 국난 극복의 교두보 역할을 하였다. 그에 따라 오늘날도 대구에는 2군사령부와 공군 남부 전투 사령부를 비롯해 중요한 군사 시설이 입지해 있어, 대구가 군사 도시의 역할을 수행하고 있다. 경북 칠곡의 다부동 · 왜관지구 전적지 기념관과 대구 앞산의 낙동강승전기념관에서는 국난 극복의 상황을 오늘날도 생생하게 전시 · 교육하고 있다.

## 더 알아보기

1. 경주 남산에 버금가는 대구 팔공산의 불국토 사상에 대하여 살펴보자.
2. 대구의 의병 활동과 국채 보상 운동의 현대적 의의에 대하여 알아보자.
3. 대구가 국난 극복의 교두보 역할을 했던 대표적인 사례에 대하여 알아보자.

제2장

# 빼어난 자연환경

대구 자연환경의 근간, 분지

대구분지는 어떻게 형성되었을까

팔공산과 비슬산

금호강과 신천, 그리고 달구벌

독특한 대구 기후

더 나은 환경을 위한 노력

그림 2-1 앞산 전망대에서 바라본 대구분지
2013년 11월 29일 촬영

대구는 … 사방은 높은 산으로 막히고 중앙에 큰 들이 전개되어 그 가운데를 금호강이 동에서 서로 흘러 낙동강 하류에서 합친다.
大丘 … 四山高塞 中藏大野 野中爲琴湖江 自東入西 而合于洛東下流

–『택리지』(이중환 저 · 이익성 역) 중에서

사람들이 그 지역의 자연환경에 순응하고 이를 극복하는 과정에서 독특한 지역성이 형성된다. 따라서 어떤 지역을 이해하기 위해서는 삶터의 근간인 자연환경을 우선 살펴보아야 한다. 이러한 관점에서 지형과 기후를 중심으로 대구 자연환경의 특색을 이해해 보자.

# 대구 자연환경의 근간, 분지

하늘에서 내려다본 대구분지의 모습은 동서로 길쭉한 하트 모양의 타원형이다. 대구를 둘러싸고 있는 산지에는 주변과 연결되는 고개가 많이 발달해 있으며, 많은 샛강들이 금호강을 중심으로 모여드는 구심상의 하계망을 이룬다. 이를 통해 대구가 분지임을 알 수 있다.

## 대구분지는 어떤 모습일까

동서로 긴 하트 모양의 대구분지

도시의 시가지 윤곽은 저마다 다양한 모습을 띤다. 부산처럼 시가지가 길게 발달한 경우도 있고, 대구처럼 둥근 모습을 보이는 경우도 있다. 대구 시가지가 도심을 중심으로 둥근 모습을 띠는 이유는 무엇일까?

시가지 윤곽, 즉 도시의 평면 형태를 결정하는 중요한 요소는 일차적으로 지형이다. 이는 삶터의 대부분이 평지를 중심으로 펼쳐지기 때문이다. 분지는 산으로 둘러싸인, 일종의 작은 평야이다. 우리나라 주요 하천의 하류에는 넓은 평야가 발달한다. 하지만 이들 하천의 중상류 내륙 지방에는 규모가 작은 평야인 분지가 발달한다.

대구는 낙동강의 지류인 금호강 유역에 발달한 분지다. 산으로 둘러싸인 분지는 농경과 방어에 유리하기 때문에 일찍부터 삶터가 되어 왔다. 대구분지에도 오래전인 선사시대부터 사람들이 거주한 흔적이 남아 있다.

그렇다면 대구분지는 어떤 형태를 띠고 있을까? 정작 우리 눈에 보이는 대구의 모습은 시가지가 발달하고 있는 평지와 구릉지, 그리고 이를 둘러싸고 있는 산지뿐이다. 그런데 위성사진이나 항공사진 등을 통해 보면, 대구분지는 동서로 긴 하트 모양의 큰 분

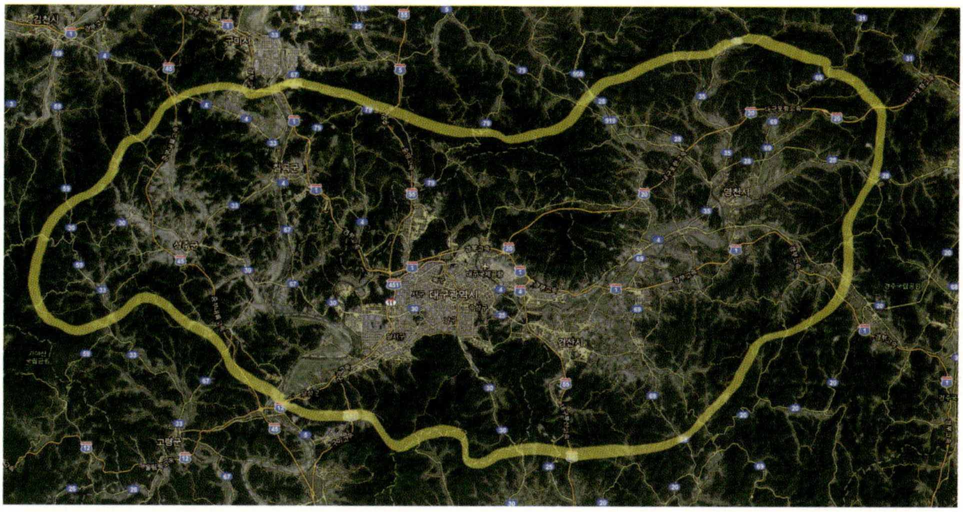

그림 2-2 동서로 긴 하트 모양의 대구분지(구글 지도)

노란색은 대구분지의 경계를 표시한 것이다.

지가 둥그런 원형에 가까운 시가지를 품고 있는 정겨운 형상임을 알 수 있다.

일반적으로 대구분지로 알려진 것은 소규모의 분지인 대구 시가지를 말한다. 팔공산과 앞산을 중심으로 발달한 원형의 모습이다. 행정구역상으로는 달성군을 제외한 대구 시가지에 해당한다. 이는 과거 대구시의 행정적인 경계와 거의 일치하는 것으로, 시민들의 생활권을 중심으로 구분한 것이다. 엄격한 의미에서는 대구분지 속의 핵심 지역이라고 할 수 있다.

반면에 하트 모양인 큰 규모의 대구분지는 대구 · 경산 · 영천의 금호강 유역과 성주의 백천 유역을 포함하는 지역이다. 동쪽으로는 영천 보현산(1,124m)과 경주 단석산(827m)에 이르고, 서쪽으로는 구미 금오산(976m)과 성주 가야산(1,430m)에 이르는 지역이다. 이는 낙동강을 중심으로 금호강과 백천 유역에 동서로 길쭉하게 발달한 원형이다.

이러한 내륙의 분지는 연교차가 크기 때문에 여름철 기온이 높다. 최근 우리나라에서 가장 무더운 곳이 대구가 아니고 영천이라고 보도된 적이 있다. 그러나 영천도 넓은 의미에서는 큰 규모의 대구분지 속에 포함되기 때문에 결국 대구분지가 가장 무더운 곳임은 변함이 없다. 넓은 의미의 대구분지는 지형적인 특징을 중심으로 구분한 것이기 때문이다.

결국 대구분지는 산지로 둘러싸인, 동서로 길쭉한 타원형의 분지라고 할 수 있다. 이러한 지형은 기후와 인간 생활에 많은 영향을 주어 독특한 문화를 형성한다. 여기에 신천을 중심으로 또 다른 작은 규모의 분지가 형성되면서 대구 시가지가 둥글게 자리 잡은 것이다.

## 고립을 막아 준 고갯길

### 대구분지 경계에는 많은 고개가 발달해 있다

경부고속국도의 경주 IC 부근이나 중앙고속국도의 다부 IC 및 구마고속국도의 현풍 IC 부근에 이르면, 갑자기 도로의 굴곡이 커진다. 국도나 지방도의 경우는 정도가 더욱 심하다. 대구로 진입하는 외곽 도로는 왜 굴곡이 클까?

도로의 모습은 지형의 특성을 반영한다. 일반적으로 산지 지역의 도로는 구불구불하여 시야가 짧고, 평야 지역의 도로는 탁트인 직선으로 나타나는 경우가 많다. 88고속국도와 호남고속국도를 달려 보면, 그 차이를 실감할 수 있다. 그리고 산지로 둘러싸인 분지의 외곽 도로는 평지와는 다른 모습이다. 고개를 넘어야 하기 때문이다.

내륙의 분지는 넓은 평야를 중심으로 주변의 산지와 배후지를 거느리는 형태이기 때문에 도시가 발달하기에 유리하다. 그렇다고 분지가 사람이 살아가는 데 항상 좋은 여건만 갖추고 있는 것은 아니다. 분지를 둘러싼 산지가 다른 지역과의 교류를 방해하기 때문에 쉽게 고립될 수도 있다. 그래서 분지 지역에 사는 사람들은 주위의 산지를 넘는 고갯길을 통해 외부와 교류해 왔다.

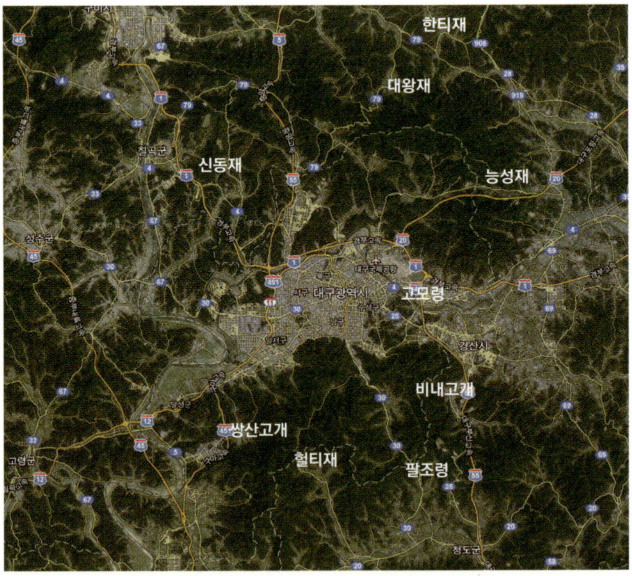


그림 2-3 대구분지의 주요 고개(구글 지도)

대구분지는 험준한 산지로 둘러싸여 있다. 그러나 수많은 고개가 있었기에 고립되지 않을 수 있었다. 대구분지와 외곽을 연결하는 대표적인 고개로는 중앙고속국도의 다부재(대구~칠곡), 4번 국도의

그림 2-4 고모령(좌)과 팔조령(우)
2014년 1월 12일 촬영

노귀재(영천~청송), 908번 지방도의 한티재(대구~군위), 911번 지방도의 팔조령(대구~청도) 등 산지를 넘는 험난한 고개들이 있다. 뿐만 아니라 분지 내의 구릉지를 넘는 고개인 고모령, 담티고개 등은 대구시내의 주요한 교통로 역할을 하고 있다.

대구에는 고개와 관련된 이야기가 많이 전래되고 있다. 그중 하나가 수성구 만촌동과 팔현마을 사이에 위치한 고모령에 얽힌 전설이다. 옛날 이곳에 어린 남매를 키우던 홀어머니가 있었다. 그는 자녀들이 싸우는 것을 보고 크게 실망하여 집을 나왔고, 그때 이곳에서 집으로 뒤돌아 보았다고 한다. 그래서 '어머니가 뒤돌아 본 고개'라고 해서 '고모령(顧母嶺)'이라 불린다고 한다. 또한 이곳은 일제강점기 때 징병이나 징용으로 끌려가는 자식과 어머니가 이별하던 장소라는 슬픈 사연도 안고 있다. 지금은 철길과 4차선 도로의 건설로 고개를 넘어 다니던 옛 자취는 사라졌다. 하지만 이 고개에 담긴 사연이 오래도록 전해지기를 기원하는 노래 「비 내리는 고모령」이 지어져, 현재 그 노래비가 만촌동의 인터불고 호텔 입구에 세워져 있다.

한편, 팔조령은 청도 이서면에서 대구 가창면을 잇는 고개이다. '팔조령'의 유래로는 한양에서 부산 동래까지 이르는 대로의 여덟 번째 고개라는 것에서 유래했다는 설, 고개 정상 부근의 산중에 도적이나 호랑이가 자주 출몰하므로 8명 이상 무리를 지어서 넘었다고 붙여진 이름이라는 설 등이 있다. 팔조령은 조선시대 영남대로의 주요 길목이었으나 경부선 철도의 건설로 쇠퇴하였다. 현재는 터널 개통으로 인해 한적해진 구도로를 따라 그 흔적만 남아 있다.

대구분지처럼 주위를 둘러싼 산지가 험준한 지역은 매우 드문 편이다. 예로부터 대구와 다른 지역과의 교류는 산지를 넘는 고개를 통해야만 이루어질 수 있었다. 따라서 대구 일대에는 사방을 연결하는 고갯길이 발달했던 것이다. 그러나 이제는 터널이 그 고갯길을 대신하게 되었다. 옛 고갯길은 이제 대구 사람들의 추억 속에만 남아 있다.

## 큰 하천과 작은 하천

대구분지는 많은 샛강들이 모여드는 구심상의 하계망을 형성하고 있다

하천이 흐르는 모습은 지역마다 다르다. 중국과의 경계인 압록강은 계곡을 깊게 파며 서해 바다를 향해 흘러간다. 섬의 중앙에 한라산이 우뚝 솟은 제주도는 양 사방으로 물이 흘러내린다. 대구는 높은 산지로 둘러싸인 침식 분지이다. 침식 분지를 형성한 하천은 어떤 형태이며, 어떤 모습으로 흐르고 있을까?

대구분지를 관통하며 흐르는 하천이 낙동강과 금호강만 있는 것이 아니다. 대구분지는 낙동강과 금호강에 합류하는 크고 작은 많은 하천들에 의해서 형성되었다. 수많은 실개천들이 합쳐져서 샛강이 되고, 다시 샛강들이 합쳐져서 큰 강이 되면서 흡사 나뭇가지 모양으로 구성된 하계망(河系網)을 형성한 것이다.

대구분지에 발달한 하천은 신천과 동화천 등 많은 지류들이 금호강에 합류한 후 화원유원지 부근에서 낙동강으로 흘러든다. 분지의 저지대에 분포하는 중생대 퇴적층은 수평층에 가깝기 때문에 유로 발달이 자유로운 편이다. 또한 분지를 둘러싼 주변의 산지들에 비해 저지대의 퇴적층은 암석이 덜 단단하기 때문에 침식 작용도 활발하다. 따라서 사방의 산지에서 흘러내려온 하천들이 자연스럽게 합류하면서 저지대로 모여든다. 금호강을 중심으로 구심상(求心狀) 하계망을 형성한 것이다.

대구분지의 하계망을 지도에서 살펴보면, 고르게 분포해 있지 않다. 금호강 북쪽에 비해 남쪽 지역에는 물길을 표시한 하계 밀도가 훨씬 낮게 나타나는 것을 알 수 있다. 이것은 퇴적암이라는 지질적인 차이 외에도 대구 시가지의 확대에 따라 많은 샛강들이 복개되었기 때문이다. 하천이 복개되어 하계망이 지도에서 드러나지 않는 곳도 있지만, 전체적인 형태는 샛강들이 금호강을 중심으로 모여드는 구심상이다. 이러한 형태는 여러 소하천들이 저지대의 주류 하천으로 모여드는 분지 지형에서 잘 발달한다. 이는 대구분지가 양구의 해안면처럼 전형적인 분지 지형임을 알 수 있는 또 하나의 증거이다.

구심상의 하계망이 발달한 곳에서는 주류 하천이 좁은 협곡을 통하여 바깥으로 흘러

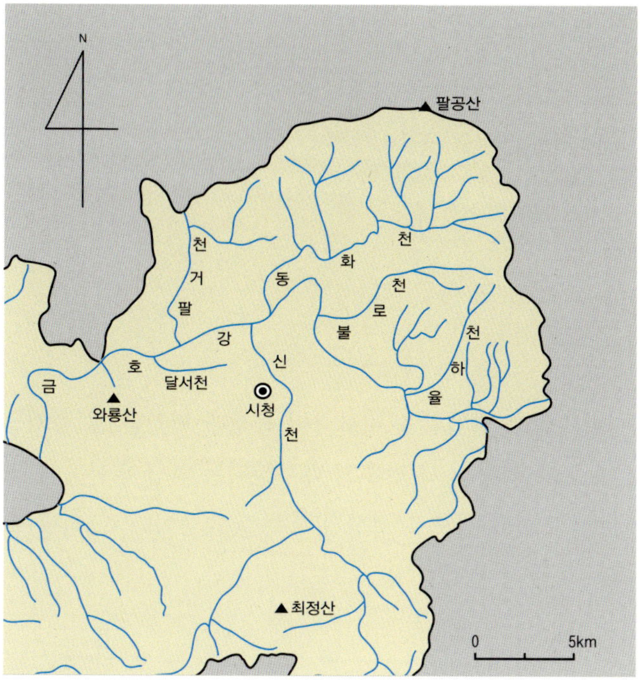


그림 2-5

**대구분지 주요부의 하계망**

분지 중앙의 금호강을 중심으로 여러 지류들이 모여드는 구심상의 하계망을 형성하고 있다.

나간다. 이러한 하천 일대는 집중호우가 발생할 때 홍수 피해가 클 수 있다. 사방에서 흘러내리는 물이 한꺼번에 중앙의 저지대로 모여들지만, 바깥으로 흘러나가는 과정은 자유롭지 못하기 때문이다. 다행스럽게도 대구분지는 소우지이고 집중호우에 의한 강수량도 다른 지역에 비해 많지 않은 편이다. 그러나 최근 잦은 기상 이변 등을 감안하면 안심할 수만은 없다. 구심상 하계망을 형성하고 있는 대구분지는 집중호우에 대한 보다 적극적인 대비책이 필요할 것이다.

## 더 알아보기

1. 낙동강 유역에 분포하는 분지를 찾아서 어떻게 이용되는지를 조사해 보자.
2. 대구분지에 발달하는 고개 중에서 현재 교통로로 이용되고 있는 곳을 찾아보자.

# 대구분지는 어떻게 형성되었을까

대구는 지질이 다양하다. 화산분출암과 관입암을 비롯하여 중생대 퇴적암 및 충적층 등으로 구성되어 있다. 또한 분지 형성 과정도 복잡하다. 대구분지는 앞산의 분출과 팔공산의 관입 이후 중생대 퇴적층의 오랜 침식으로 형성된 독특한 지형이다. 그리고 분지 내에 소규모 분지들이 발달하는 중층적 분지이다.

## 산지와 평지는 뿌리가 다르다

### 대구분지는 다양한 지질로 구성되어 있다

대구 시가지 내에 분포하는 산지들은 대부분이 낮은 구릉지이지만, 주변을 둘러싼 산지들은 높고 험준한 산세를 보인다. 시가지를 형성하는 평지도 구릉지와 충적저지로 나뉜다. 이처럼 산지들의 경관이 각각 다르게 나타나는 이유는 무엇일까?

지형 경관은 지질의 영향을 크게 받는다. 암석의 단단한 정도에 따라 침식의 차이가 있기 때문이다. 따라서 단단한 암석으로 구성된 지역은 높은 산지로 남고 그렇지 않은 경우에는 주변보다 낮은 평지나 구릉지가 형성되는 경우가 많다.

대구는 지질적으로 중생대 말기인 백악기에 형성된 경상분지의 중앙부에 해당한다. 암석은 모두 중생대 백악기(1억 3,000만 년~6,000만 년 전)에 형성되었고, 육성 퇴적암과 안산암질 화산암 및 이 두 지질을 관입한 화강암으로 이루어졌다. 이를 세분하면, 중앙의 퇴적암 지대, 남부의 화산암 지대, 북동부의 화강암 관입 지대, 하천 유역의 제4기층 등으로 나뉜다.

대구분지의 중앙 저지를 형성하고 있는 지질은 경상누층군이라고 하는 중생대 퇴적암이다. 대구에서 가장 오래된 지층인 경상누층군은 남동쪽으로 10~20° 정도 경사진 완

그림 2-6
경상누층군으로 이루어진 건들바위
2013년 5월 24일 촬영
청석으로 불리는 경상누층군은 대구에서 가장 흔하게 볼 수 있는 암석이다.

만한 수평층으로, 얕은 호수에서 퇴적된 육성층이다. 암석은 청석으로 불리는 황갈색의 사암과 응회암, 이암 등이 주로 분포한다. 현재 대구 시가지 범위와 거의 일치하며, 분지 내의 낮은 구릉지를 이루고 있다.

대구분지의 남쪽에는 비슬산을 중심으로 최정산과 앞산이 솟아 있다. 이들 산지는 주로 화산암인 유천층군과 이를 관입한 불국사 화강암군으로 이루어져 있다. 유천층군은 중생대 백악기 말기에 경상분지의 동남부 지역을 중심으로 왕성하게 일어난 화산 활동으로 형성되었다. 대표적인 암석인 안산암질 응회암은 주변의 다른 암석에 비해 단단하기 때문에 험준한 산지를 이루고 있다.

대구분지 북동부를 둘러싸고 있는 팔공산은 중생대 백악기 말에서 신생대 제3기 초까지 일어난 대규모 화강암의 관입으로 이루어진 산지이다. 용암이 지표 부근에 도달하여 분출하지 못하고 땅속에서 굳은 것이다. 또한 팔공산 주변의 도덕산에서 시작하여 응해산과 문암산을 지나 능천산으로 이어지는 환상 산백은 화강암이 관입할 때 주위의 퇴적암이 변성작용을 일으켜 형성된 산지이다.

제4기층은 아직 덜 굳은 충적층으로, 하천변의 범람원과 산록의 선상지가 이에 해당한다. 대구 주변의 충적층은 금호강과 신천을 따라 범람원 지형이 넓게 분포하고, 앞산과 팔공산 기슭에는 선상지가 발달해 있다.

결국 대구분지의 산지가 다양한 모습을 보이는 이유는 지질 조건이 복잡하기 때문이다. 남부의 화산암 지대와 북동부의 화강암 관입 지대는 침식에 강한 암석으로 이루어져 높은 산지를 이루고 있고, 상대적으로 침식에 약한 중앙의 퇴적암 지대는 낮은 구릉지와 충적저지를 형성하고 있다.

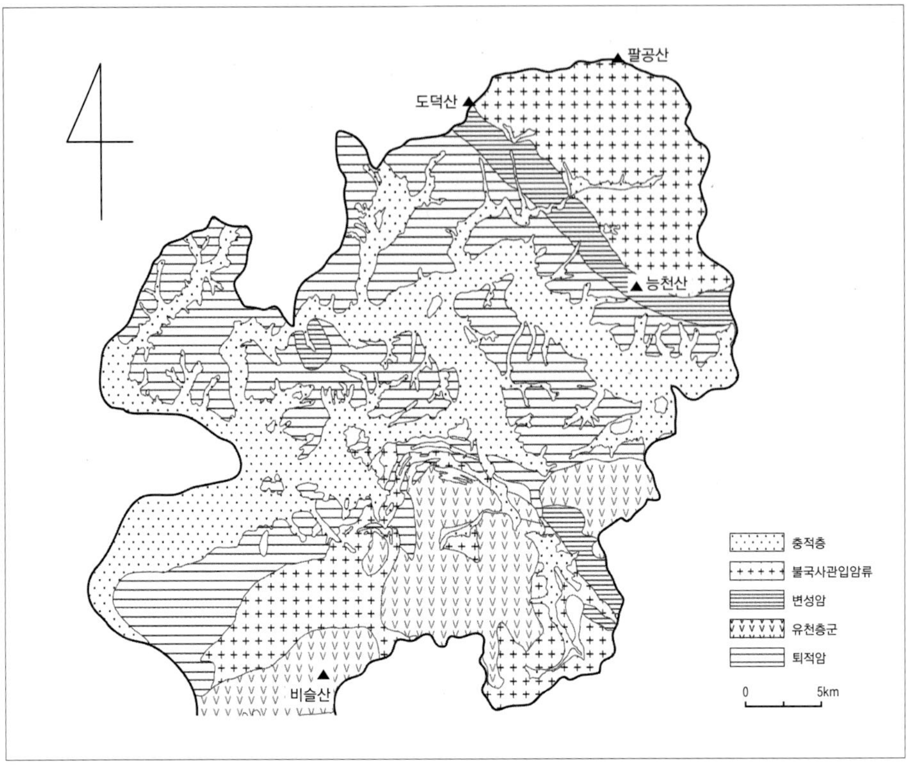


그림 2-7 **대구시의 지질 분류**
시가지 주요부는 퇴적암과 충적층이지만, 주변의 산지는 화산암인 유천층군과 관입암인 화강암 및 변성암으로 이루어져 있다.

## 성인이 독특한 대구분지

### 대구분지는 중생대 퇴적암의 차별 침식으로 형성되었다

우리나라의 분지들은 화강암의 차별 침식으로 형성된 것이 대부분이다. 대구분지는 다른 지역의 분지와는 지질이 다르기 때문에 성인(成因)에 대해 약간의 논란이 있었다. 그러면 대구분지는 화강암의 차별 침식이 아닌 어떤 요인에 의해 형성된 것일까?

지금부터 약 4억 년 전에 육지로 드러난 한반도는 중생대에 이르러 지형 윤회의 마지막 단계인 준평원 상태에 도달했다. 육지화된 상태에서 계속 침식만을 받아 오던 영남 지역이 중생대 말기인 백악기에 이르러 지각 운동을 겪게 된다. 이때 북쪽과 서쪽이 백두대간의 소백산맥 등과 같은 높은 산지로 둘러싸인 분지 형태를 이루면서 퇴적 환경

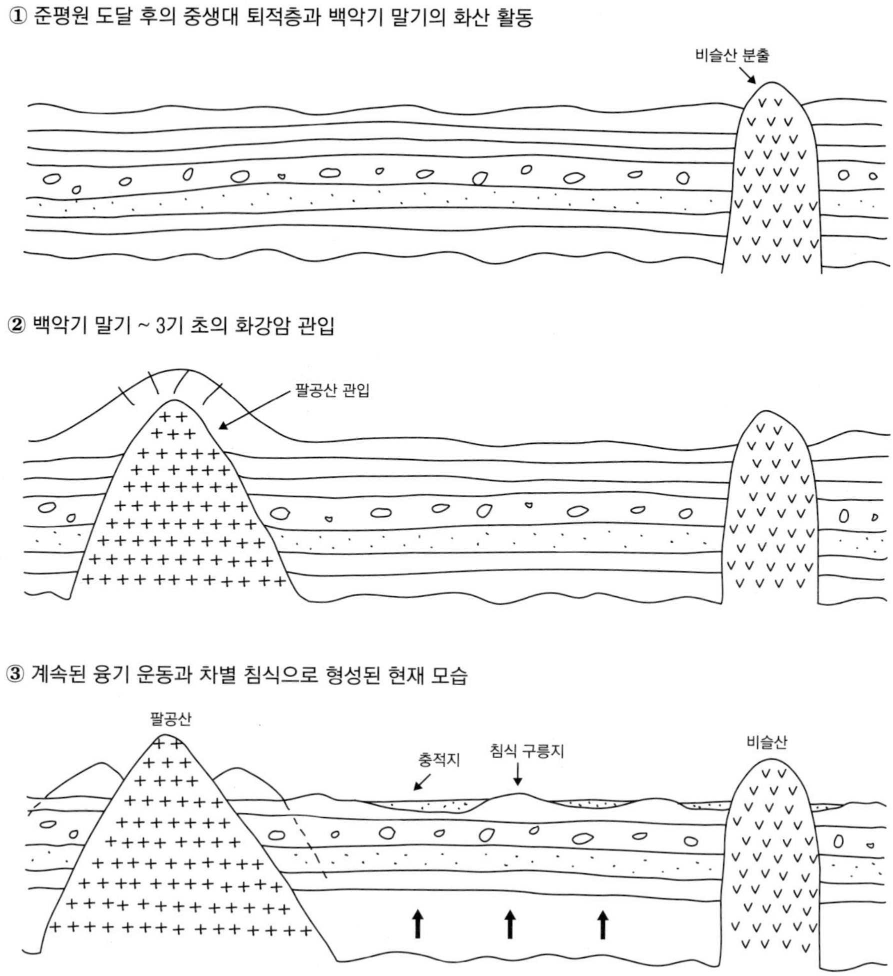


그림 2-8 대구분지의 형성 과정

으로 바뀌었다. 당시 얕은 호수였던 이 지역은 하천에 의한 퇴적이 계속적으로 이루어졌으며, 호숫가에는 많은 공룡들이 살았을 것으로 추정된다. 따라서 이때 퇴적된 경상누층군에서는 공룡 발자국 화석을 곳곳에서 쉽게 볼 수 있다. 대구에서도 신천, 고산골, 욱수골 등에서 공룡 발자국 화석이 발견되고 있다.

1억 3,000만 년 전인 중생대 백악기부터 시작된 경상누층군의 퇴적 이후, 1억 년 전인 백악기 말에 이르러 한반도의 곳곳에서 심한 화산 분출이 일어났다. 의성 금성산, 청송 주왕산, 광주 무등산 등과 같은 시기의 화산 폭발이다. 비슬산을 중심으로 대구분지의 남부 산지를 형성하고 있는 지질의 대부분이 이렇게 형성된 것이다. 이때 분출된 화산암인 유천층군은 침식에 매우 강한 단단한 암석이기 때문에 앞산처럼 급경사의 험준한 산지를 형성하고 있다.

그리고 6,000~7,000만 년 전인 중생대 백악기 말에서 신생대 제3기 초까지 화강암의 관입이 있었는데, 팔공산 일대와 비슬산의 일부가 이에 해당한다. 땅속 깊숙한 곳에 위치한 심성암인 화강암은 풍화 작용에 약하여 오랫동안 침식을 받으면 분지를 이루는 경우가 많다. 그러나 심층 풍화 작용을 거의 받지 않은 신선한 화강암이 지표에 드러나면 이후에는 풍화에 매우 강한 단단한 상태를 유지한다. 팔공산은 관입된 화강암체가 워낙 컸기 때문에 신선한 화강암으로 이루어진 주봉이 단단한 형태로 남아 있다. 따라서 오랜 시간이 흐르면 팔공산도 금강산처럼 화강암 암봉이 더욱 빼어난 모습으로 바뀔 것이다.

이후 신생대 제3기의 완만한 융기 운동이 계속되면서 대구도 비교적 고도가 높은 지역으로 변했다. 이러한 융기로 침식 작용이 활발해지면서 하천의 지속적인 차별 침식이 이루어졌다. 침식에 약한 퇴적암으로 이루어진 지역은 분지 내의 평지가 되고, 변성암이나 화산암과 같은 단단한 암석으로 구성된 지역은 상대적으로 높은 산지, 즉 대구분지를 둘러싸는 산지를 이루게 된 것이다.

결국 중생대의 화산 활동과 관입으로 형성된 초기의 대구 일대는 지각 운동이라는 구조적인 요인에 의해 산지로 둘러싸여 분지와 유사한 모습을 이루었다고 할 수 있다. 그러나 이후 융기와 하천의 계속된 침식으로 분지 내에 저지대가 형성되면서 곳곳에 침식 구릉지와 충적지를 남겼다. 그 결과 화강암의 차별 침식으로 형성된 다른 지역의 분지와는 달리 중앙 저지대에 중생대 퇴적층이 분포한다. 대구분지는 중생대 퇴적암의 차별 침식으로 형성된 분지이기 때문이다.

## 대구분지는 하나가 아니다

대구분지 내에는 또 다른 작은 분지들이 발달되어 있다

높은 산지로 둘러싸인 대구는 거대한 내륙의 분지이다. 전체적으로 분지 기후의 특색이 두드러지고 형태도 하나의 거대한 분지처럼 보이지만, 지역에 따라 특별한 환경을 지닌 곳이 있다. 이는 분지 내에 또 다른 작은 분지들이 형성되어 있기 때문이다. 그야말로 대구분지는 복잡한 중층적 분지이다. 분지 내의 분지인 이러한 작은 분지들은 어떻게 만들어졌으며, 또 어떻게 이용되고 있을까?

그림 2-9
**금호강 쪽에서 바라본 와룡산 펀치볼**
2010년 3월 1일 촬영
화강암의 차별침식으로 형성된 와룡산 펀치볼은 쓰레기 매립지로 활용되고 있다.

대구분지 내에 발달한 소규모 분지들은 그 성인(成因)이 다양하다. 일반적인 침식 분지처럼 관입된 화강암의 차별 침식으로 형성된 곳도 있지만, 대부분의 경우는 상이한 암석층의 경계 부분이 차별 침식을 받아 만들어졌다. 그 외에 곡저 평야의 오랜 침식으로 형성된 분지가 있다. 그럼, 이들을 차례로 살펴보자.

우선 화강암의 차별 침식으로 형성된 분지다. 우리나라 침식 분지의 대부분이 이러한 형태인데, 와룡산 펀치볼이 이에 해당한다. 이곳은 중생대 퇴적층에 6,000~7,000만 년 전에 화강암이 관입하면서 열변성 작용을 일으켰다. 변성암은 침식에 강하여 주변의 산지로 남고, 관입된 화강암은 풍화 작용이 빠르게 진행되어 분지 내부를 형성하였다. 와룡산 펀치볼은 북서쪽의 금호강변 쪽이 트인 말발굽 모양의 지형으로, 분지 내에는 과거에 방천리가 자리 잡고 있었다. 마치 분지의 서북쪽이 금호강의 측방 침식으로 잘려나간 형상으로, 현재 대구시의 쓰레기 매립지로 활용되고 있다.

다음은 화강암층과 변성암층의 경계 부분이 차별 침식으로 형성된 분지다. 팔공산 주변의 동화천과 불로천 유역 및 신천 상류 지역에 발달한 소규모 분지들이 이러한 형태에 해당한다. 해발 고도가 높은 산지에 가까이 위치한 이러한 분지들은 일교차가

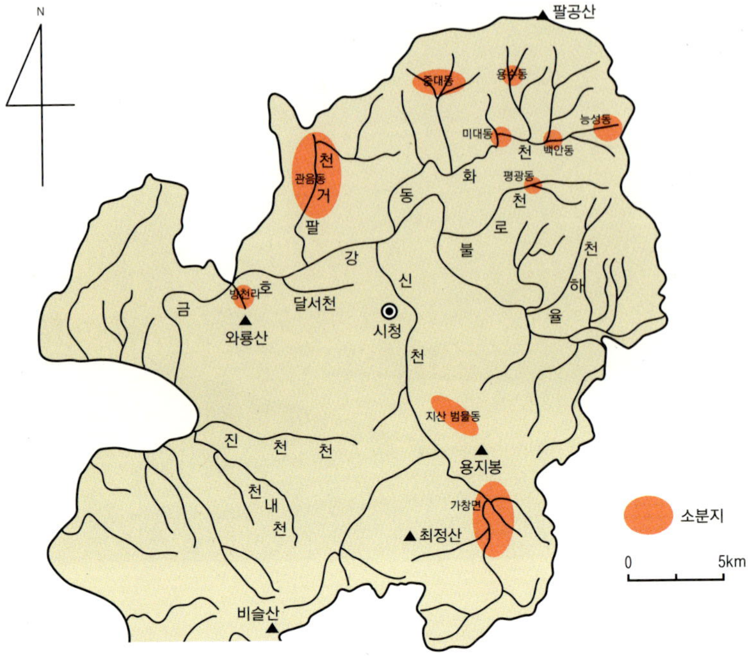


그림 2-10 대구분지 내에 발달한 소규모 분지

크고 완경사지의 산록사면이 발달하여 사과 재배에 유리하다. 과거 대구 사과의 주산지였던 금호강변의 범람원에서는 도시화의 영향으로 오래전부터 사과나무가 사라졌다. 그러나 팔공산 남쪽 사면의 미대동, 백안동, 용수동, 중대동, 능성동, 평광동 등과 최정산 북쪽 사면의 가창면 등 소규모 분지들에서는 아직도 사과 등 과수 재배가 일부 이루어지고 있다.

마지막으로 좁은 곡저 평야들이 오랜 침식으로 분지 형태를 이룬 경우다. 팔거천 유역의 관음동 일대와 범어천 상류의 지산·범물동 지역에 발달한 분지가 이에 해당된다. 이곳에는 1990년대 이후 대규모 택지가 개발되면서 고층 건물과 차량 통행이 급격히 늘어남에 따라 대기 오염 문제가 심각해져 논란이 되고 있다. 주변이 산지로 둘러싸인 분지 지형이라 이곳의 공기 순환이 원활하지 못하기 때문이다.

대구분지가 지리적으로 관심의 대상이 되고 있는 이유는 경상분지 내에 위치한 분지인 동시에 자체가 중층적 분지를 이루고 있다는 특징 때문이다. 경상분지의 중심에 위치한 대구는 다른 지역에 비해 더 많은 산들로 겹겹이 둘러싸여 있다. 여러 겹의 산지로 둘러싸인 내륙 지역은 분지 기후의 특징이 더 두드러지게 나타난다. 마찬가지로 대구분지 내의 소규모 분지들도 분지 기후의 특징이 더욱 뚜렷하게 나타나기 마련이다. 따라서 대구의 산업 입지와 환경 문제 등에 대한 도시 계획을 수립할 때에는 분지 지형의 특성을 충분히 반영하여야 할 것이다.

## 더 알아보기

1. 대구 주변에 고생대 지층이 잘 나타나지 않는 이유는 무엇이며, 대표적인 지하자원은 어떤 것이 있는지 알아보자.
2. 화강암의 차별 침식으로 형성된 침식분지의 사례를 들고, 그 형성 과정을 모식화하여 보자.

# 팔공산과 비슬산

대구는 백두대간과 낙동정맥 및 낙남정맥으로 둘러싸인 경상분지의 중심에 위치하며, 풍수지리적으로 전형적인 명당에 해당한다. 또한 금호강을 사이에 두고 우뚝 솟은 북쪽의 팔공산은 신라 5대 명산이며, 남쪽의 비슬산은 화강암 미지형의 보고이다.

## 영남의 중심에 위치한 대구분지의 지세

### 대구분지는 백두대간과 낙동강이 형성한 경상분지의 중심에 위치한다

침식 분지가 곳곳에 발달한 우리나라는 배산임수의 지세를 갖춘 곳이 많다. 풍수지리 사상이 중국에서 우리나라에 전래된 후, 중국보다 우리나라에서 더욱 꽃을 피운 것도 이러한 지형 조건 때문이다. 전통 지리 사상의 입장에서 보았을 때 대구분지의 지세는 어떤 모습일까?

대구를 상징하는 진산(鎭山)은 팔공산이다. 진산은 보통 고을의 뒤편에 위치하여 그 고을을 수호하고 상징하는 랜드마크를 뜻한다. 방어나 계절풍과의 관계 외에도 고을을 대표하는 상징성을 띠고 있음을 이유로 들 수 있다. 대구에 있는 각급 학교의 교가에는 반드시 '팔공산'이나 '비슬산'이 들어 있다. 이는 분지에 위치한 대구의 뒷산이 팔공산이고 앞산이 비슬산이기 때문이다.

전통 풍수지리 사상에서 팔공산은 대구의 주산이며 비슬산은 안산에 해당한다. 대구의 뒷산인 팔공산은 예로부터 5대 명산으로 불리어 왔으며, 대구분지를 북쪽에서 병풍처럼 둘러싸고 있다. 백두대간의 태백산맥에서 뻗어 내려와 우뚝 솟은 보현산이 다시 서남쪽으로 뻗쳐 화산을 만들고, 여기서 계속 서남쪽으로 뻗쳐서 팔공산으로 우뚝 솟은 것이다.

그림 2-11 대구스타디움 쪽에서 바라본 팔공산의 웅장한 모습
2014년 1월 4일 촬영
태백산맥에서 뻗어 내려온 팔공산은 대구의 진산으로, 대구분지를 병풍처럼 둘러싸고 있다. 화강암인 팔공산괴와 변성암인 환상산맥 및 퇴적암으로 이루어진 침식 구릉지가 차례로 나타난다.

대구의 앞산인 비슬산은 팔공산 다음으로 높은 산지를 형성하고 있는데, 최고봉인 대견봉을 비롯하여 최정산, 청룡산, 앞산, 병풍산, 대덕산 등이 이어져 있다. 비슬산은 정상 부근이 시내에서 잘 보이지 않지만, 시가지의 남쪽에 우뚝 솟은 앞산과 대덕산이 바로 비슬산의 한 자락에 속한다. 결국 대구 시가지는 주산인 팔공산과 안산인 비슬산의 품에 안겨 있는 것이다.

풍수지리학적으로 대구는 백두대간과 낙동정맥 사이에 있는 경상분지의 중심에 위치하고 있다. 또한 대구분지는 팔공산을 주산으로 하며 서쪽의 가산과 금오산은 우백호에 해당하고, 동쪽의 화산과 보현산은 좌청룡에 해당한다고 볼 수 있다. 물론 분지 내를 흐르는 하천은 금호강과 그 지류들이 내수에 해당하고, 낙동강은 외수에 해당한다. 결국 대구분지는 팔공산과 비슬산을 중심으로 낙동강을 끼고 있는 거대한 분지로서, 경상분지의 중심에 위치한 명당의 지세를 갖추고 있다.

그림 2-12
팔공산 비로봉의 천제단
출처: 대구광역시 동구청 제공

## 신라시대의 5대 명산, 팔공산

백두대간이 경상분지에 우뚝 멈추어 장엄하게 솟은 명산

최근 대구에는 둘레길이 인기를 모으고 있다. 2009년 팔공산 올레길 1코스인 '북지장사 가는 길'이 처음 개설된 이후, 새로운 코스가 추가되어 지금은 8개 코스로 늘어났다. 팔공산 올레길은 산과 들, 계곡에다 문화 유적지까지 아우르고 있어, 대구와 영남지역 주민들에게 많은 관심을 갖게 한다.

팔공산은 백두대간의 태백산맥이 남으로 힘차게 뻗어 내려 낙동강과 금호강이 만나는 곳에 우뚝 멈추어 장엄하게 솟은 산이다. 예로부터 산세가 세 부처님의 형상이라 하여 신령스러운 영산으로 믿어 왔다. 최고봉인 비로봉(1,192m)을 중심으로 좌우에 동봉과 서봉을 거느리고 있으며, 마치 봉황이 날개를 편 것처럼 뻗쳐 있다.

팔공산의 지질은 주능선 정상 부근의 화강암체, 주능선 정상 주변을 둘러싼 산록의 변성암대, 그리고 저지대의 퇴적암으로 구분된다. 팔공산의 기반암은 중생대 백악기에 형성된 퇴적암에 관입한 불국사 화강암이다. 이 화강암이 관입하는 과정에서 변성작용으로 형성된 변성 퇴적암이 화강암 산지를 둘러싸고 있다. 따라서 대구분지 북쪽에 위치한 팔공산지에는 퇴적암, 변성퇴적암, 화강암 등의 분포 지역이 명확하게 구

그림 2-13 팔공산 관봉 석조여래좌상
2013년 2월 17일 촬영
화강암 지대에 발달하는 토르의 일종인 갓바위(보물 제431호)는 '한 가지 소원은 들어준다'고 알려져 있어, 매년 전국에서 참배객이 많이 모여든다.

분된다.

불국사 화강암은 최고봉인 비로봉을 비롯해 해발 고도 1,000m 내외의 높은 산지를 형성하고 있는 거대한 타원형의 돔(Dome)산지를 이룬다. 변성 퇴적암은 불국사 화강암과 퇴적암 지역 사이에 분포한다. 팔공산지 분수계의 남쪽에 위치한 해발 고도 500m 내외의 산지들이 환상으로 화강암 지역을 둘러싸고 있다. 퇴적암층은 변성암의 주변에 분포하며, 중생대의 퇴적 작용으로 형성된 것이다. 분지 내에서 고도가 비교적 낮은 곳에 주로 분포하며, 저산성 산지와 침식 구릉지를 이루고 있다.

팔공산은 산지 정상 부근의 화강암 외에도 다양한 암석으로 이루어져 있어 자연 경관이 빼어나다. 뿐만 아니라 잔구성 산지에 해당하기 때문에 평지의 구릉군과는 달리 급경사의 산세를 이루고 있어, 그 웅장함이 한층 돋보인다. 특히 동봉 일대는 암릉과 암벽이 어우러져 팔공산의 경관을 대표하고 있다.

암릉과 계곡이 빼어난 팔공산은 등산로가 잘 발달하여 대구 사람들이 많이 찾는 곳이다. 계곡을 따라 수많은 등산로가 거미줄처럼 얽혀 있지만, 전체를 아우르는 종주 등산로는 가산산성에서 출발하여 서봉을 오르는 코스와 갓바위에서 시작하여 동봉을 오르는 코스의 두 가지 길이 있다. 지역 산악인들이 중심이 되어 끈질기게 노력한 결과, 2009년부터 비로봉 철책이 걷어지고 일반인에게 개방되었다.

한편, 팔공산은 전국에서도 유일하게 대한 불교 조계종의 교구 본사를 두 곳이나 거느리고 있는 산이다. 동쪽의 은해사와 남쪽의 동화사라는 큰 사찰을 비롯하여 서쪽의 파계사 및 북쪽의 군위 삼존석굴(국보 제109호) 등 많은 문화 유적이 산재해 있다. 빼어난 계곡과 암릉 외에도 이러한 유적들이 더해져, 1980년에는 경상북도 도립 공원으로 지정되었다. 그러나 이처럼 빼어난 경관과 역사를 간직한 팔공산이 아직도 국립공원으로 지정되지 않은 것은 많은 아쉬움을 남긴다.

## 화강암 미지형의 보고(寶庫), 비슬산

### 비슬산 암괴류와 참꽃문화제로 유명한, 대구의 앞산

매년 4월 말이면 비슬산에 전국에서 수많은 탐승객들이 몰려든다. 정상인 대견봉(1,084m)에서 남쪽 조화봉으로 이어지는 약 4km 길이의 주능선 서쪽 사면을 따라 이어진 진달래꽃 풍광을 즐기기 위해서다. 게다가 비슬산은 웅장하고도 화려한 산세와 등산로를 지니고 있어 탐승객에게 더욱 인기를 끄는 것이다.

대구분지의 북쪽에 팔공산이 있다면, 남쪽에는 비슬산이 있다. 비슬산은 경북 청도군과 대구시 달성군에 걸쳐져 있는, 대구 남부 산지의 중심이다. 남부 산지는 비슬산을 주봉으로 앞산, 최정산, 용지봉 등에 이어진다. 전체적으로 급사면을 이루지만 그 정상 부근에는 평탄면이 곳곳에 분포하고 있다. 고위평탄면의 발달은 이곳이 지각 운동으로 융기되었음을 알 수 있는 증거이다. 비슬산 정상에 펼쳐진 30만 평의 참꽃 군락지도 이러한 고위평탄면에 위치해 있다.

비슬산은 분출암인 화산암과 관입암인 화강암이 공존하는 곳이다. 비슬산을 비롯한 앞산, 비슬산, 최정산, 용지봉 등의 남부 산지는 대부분이 화산암인 유문암과 안산암질 각력암으로 되어 있고, 그 남서부의 대견봉 일대는 각섬석 흑운모 화강암으로 되어 있다. 비슬산의 복잡한 지질은 다양한 지형을 형성하였다. 자연 휴양림에서 대견봉 오르는 길을 따라 펼쳐진 화강암 미지형은 지형 박물관을 이루고 있다. 하천변의 판상 절리를 시작으로, 거북등바위, 암괴류와 애추, 대견사지의 탑바위, 능선에 보존된 칼바위 등

그림 2-14 비슬산 대견봉과 참꽃 군락지
출처: 대구광역시 달성군청 제공

학술적으로 매우 소중한 지형들이 도처에 널려 있다. 특히 비슬산 암괴류는 세계에서 규모가 가장 큰 암괴류로도 유명하다. 이러한 가치를 인정받아 2003년에는 비슬산 암괴류가 천연기념물 제435호로 지정되었다.

또한 비슬산은 유가사를 비롯한 많은 사찰과 유적들을 보유하고 있다. 이를 바탕으로 1986년에는 달성군 군립 공원으로, 1993년에는 자연 휴양림으로 지정되어, 관광지로서 각광을 받고 있다. 산의 지세와 경치도 수려하지만 계절별로 독특한 풍광을 자아내는 것도 빼어나다. 봄이면 참꽃 군락지에서 일제히 붉은빛을 뿜어내고, 여름이면 깊은 계곡의 맑은 물이 더위를 식혀 준다. 가을이면 억새 군락이 장관을 연출하고, 겨울에는 얼음 동산이 눈길을 끈다. 특히 매년 봄에는 정상 부근의 참꽃 군락지를 배경으로 비슬산 참꽃문화제가 열린다. 축제 기간 중에는 참꽃 군락지의 장관을 보기 위해 전국에서 탐승객들이 찾아오고 있다.

비슬산을 오르는 등산로는 셀 수 없을 만큼 다양하다. 정상인 대견봉을 오르는 주요 코스는 유가사, 수도암, 소재사, 용연사, 헐티재 등에서 출발하는 경우가 대부분이다. 어느 쪽에서 오르더라도 각각 다른 풍광의 비슬산을 조망할 수 있기 때문에 코스의 선택은 상관없다. 물론 비슬산 정상을 탐방하는 데는 유가사 쪽에서 출발하면 거리가 가장 가깝고 볼거리도 많다. 그러나 비슬산 암괴류 자연 학습 탐방로를 둘러보려면 자연

그림 2-15 **비슬산 암괴류(천연기념물 제435호)**
2013년 7월 14일 촬영
비슬산 골짜기에서는 빙하기 때 형성된 것으로 추정되는 커다란 바위들이 대규모로 쌓여 있는 특이한 경관을 볼 수 있다.

휴양림이 있는 소재사 쪽에서 출발해야 한다.

일제강점기에 강제 폐사되었던 대견사가 최근에 중창되었다. 그에 따라 비슬산에 대한 관심이 높아지고 있다. 또한 비슬산의 문화 유적과 풍부한 자연 자원을 관광과 접목시켜 비슬산 일대 108km에 달하는 둘레길을 조성하고 있다. 달성군은 비슬산권 관광 개발 사업 추진의 일환으로 다양한 관광 인프라를 구축해 대구 관광의 중심지로 꽃피울 계획이다.

대구는 이처럼 팔공산과 비슬산이라는 빼어난 명산을 두 개나 품고 있다.

## 더 알아보기

1. 대구의 지세를 풍수지리 개념도와 비교하여 그려 보자.
2. 팔공산 올레길 8개 코스를 알아보고, 지도에서 확인해 보자.
3. 비슬산에서 볼 수 있는 주요 화강암 미지형을 조사해 보자.

# 금호강과 신천, 그리고 달구벌

대구분지를 흐르는 중심 하천은 낙동강 본류의 일부와 금호강이다. 대구는 일찍부터 금호강과 그 지류인 신천을 중심으로 농경이 시작되고 시가지가 발달했다. 현재 금호강 범람원은 사과 대신 전국 최대의 연근 재배 단지로 명성이 높다. 시가지를 가르는 신천은 앞산과 금호강을 연결하는 도시 생태 축이다. 한편, 달구벌은 과거 영남 내륙 농업의 중심지였으나 현재는 거대도시를 품은 분지로 바뀌었다. 이런 가운데 하천을 따라 발달했던 습지가 도시화의 영향으로 점점 사라져 가고 있다.

## 비옥한 범람원을 발달시킨 금호강

금호강 범람원은 전국 최대의 연근 재배 단지이다

물줄기를 따라 경치 좋은 곳이 많은 금호강은 일찍부터 시인 묵객들의 사랑을 받아왔다. 그 옛 경승지로는 조선 초기 서거정 선생이 노래한 「대구십영(大丘十詠)」에서 대구의 제1경으로 꼽힌 '금호강의 뱃놀이[금호범주(琴湖泛舟)]'의 '금호강'을 들 수 있다. 지금은 오랜 세월에 묻혀 그 풍경을 유추하기도 어려울 정도로 변해 버렸다. 그러나 금호강은 오늘도 유유히 흐르고 있다. 강물에는 그 옛날의 돛단배 대신 육중한 교각이 오늘날의 방문객을 맞이하는 것만 다를 뿐이다.

금호강은 포항시 죽장면의 가사령에서 발원하여 영천시와 경산시, 대구시를 거쳐 화원읍 구라리에서 낙동강으로 흘러드는 강이다. 이 가운데 대구분지 내를 흐르는 본류의 길이는 약 32km에 이르며, 지류로는 동쪽에서부터 남천, 율하천, 불로천, 동화천, 신천, 팔거천, 달서천 등이 있다. 상류에는 영천댐이 건설되어 있고, 중류인 경산과 영천 지역에는 경북 제일의 평야지대인 금호평야가 펼쳐져 있다. 그리고 하류에 속하는 대구 시

그림 2-16 **금호강 범람원 전경**
2012년 7월 23일 촬영
범람원의 자연 제방은 과수원으로 배후 습지는 연밭으로 주로 이용되었으나, 최근 도시화의 영향으로 그 일대에 각종 건물들이 들어서고 있다.

가지를 동쪽에서 서쪽 방향으로 관통하여 낙동강에 합류된다.

금호강변에는 자연 제방과 배후 습지로 구성된 범람원이 잘 발달해 있다. 금호강변에 발달한 자연 제방에는 1970년대 초까지만 하더라도 사과밭이 대부분이었지만, 도시화로 인해 대부분 주택이나 공장 등의 도시적 경관으로 변화되었다. 그나마 농경지로 남아 있는 곳도 상대적으로 토지 이용의 집약도가 높은 시설 채소나 포도밭, 대추밭 등으로 바뀌었다.

자연 제방보다 고도가 낮은 배후 습지도 도시적 경관으로 바뀐 곳들이 많다. 농경지로 남아 있는 곳은 논으로 이용되는 곳도 있으나, 이곳에서는 주로 원예 작물을 재배한다. 특히 근래에는 열대 지방이 원산지인 연근이 집단적으로 재배되어, 금호강 범람원이 전국 최대의 연근 재배 단지가 되었다. 과거 논으로 이용하기 어려운 습지에서만 생산되던 연근이 고소득 작물로 변하면서 경작 면적이 계속 넓혀지고 있는 것이다. 연근 재배의 중심지인 동구 반야월 연밭길 일대는 2011년에 대구시의 '경관 자원 52선'에 그 이름을 올렸고, 2012년에는 문화체육관광부가 선정한 '사진 찍기 좋은 녹색 명소'로도 선정되었다.

금호강은 한동안 영천댐의 물이 포항으로 공급되자 유지수 부족으로 심각한 환경 문

그림 2-17 **배후 습지의 연밭(반야월)**
2013년 8월 2일 촬영

제를 겪기도 했다. 다행히 2001년에 안동 임하댐 도수터널이 개통되면서 금호강의 평상시 유량이 늘어나, 옛 모습을 되찾아 가고 있다. 내륙에 위치한 대구에서 금호강은 매우 중요한 생태 공간이다. 금호강을 중심으로 대구의 역사와 문화가 설계되고, 금호강변의 유원지가 대구 시민들의 제일의 휴식처로 거듭나기를 기대한다.

## 앞산과 금호강을 연결하는 '도시 생태 축', 신천

시가지를 가르는 신천은 과거 대구부와 수성현 사이를 흘렀던 샛강이다

우리나라의 하천 이름 중에서 가장 흔한 것이 '신천'이다. 과거에 식량 증산을 위해 인공 제방을 쌓는 등 하천 정비를 하면서, 직강 공사를 했던 하천 중 이전에 특별한 이름이 없을 경우에는 대부분 '신천(新川)'이라 불렀기 때문이다. 대구 시가지를 관통해서 흐르는 신천은 대구에서 어떤 의미를 지니고 있을까?

신천은 남부 산지인 비슬산과 최정산에서 발원하여 대구 시가지를 남북으로 가로질러 흐른 뒤 침산동에서 금호강으로 합류된다. 하천의 길이가 12.5km에 달하는, 금호강의 대표적인 지류이다.

그림 2-18 앞산 쪽에서 바라본 신천
2014년 1월 9일 촬영
앞산과 금호강을 연결하는 생태 축인 신천을 따라 시가지의 남북 관통 도로와 고층 아파트 숲이 조성되어 있다. 사진 아래쪽에 산으로 보이는 것은 용두바위이다.

신천은 대구 시민들에게는 없어서는 안 될 중요한 생태 공간이다. 하지만 급속한 산업화와 인구 유입으로 인해 심하게 오염되어 왔다. 250만 명에 달하는 대구 시민의 생활하수와 각종 쓰레기 등으로 인해 한때 오염 정도가 극에 달하기도 하였다. 다행스럽게도 대구시에서 1987년부터 신천 살리기 운동을 적극적으로 추진한 결과, 어느 정도로 수질이 개선되어 왔다.

현재 신천의 상류에는 대구의 상수원 역할을 하는 가창댐이 있으며, 산간 계곡은 시민들의 휴식 공간으로 이용되고 있다. 중하류로 내려오면서 하천 양안의 둔치에는 산책로 및 운동로가 조성되어 있고, 체육 시설도 갖추어져 있다. 또한 신천의 서쪽 제방에는 신천대로가 건설되어 있고, 동쪽 제방에는 신천동로가 있어, 대구시의 중요한 교통로가 되고 있다. 최근에는 신천변을 따라 고층 아파트가 건설되고 있는 등 신천의 빼어난 조망도 일대의 주거지 조성에 한몫을 하고 있다.

시가지를 관통하면서 흐르는 신천은 비록 크지 않은 하천이지만 시민들에게는 매우 중요한 휴식 공간이다. 장년층에게는 유년 시절의 추억을 떠오르게 하고 어린이들에게

그림 2-19 이공제 비각
2013년 8월 5일 촬영
1778년에 대구판관 이서가 사재로 제방을 축조하여 주민들의 홍수 피해를 덜어 주었다. 이공제 비는 이서 공의 뜻을 기리기 위해 1797년에 백성들이 세운 것이다.

는 즐거운 놀이터 역할을 하며, 앞산과 금호강을 연결하는 도시 생태의 주요한 축을 담당하는 대구의 또 다른 상징으로 자리매김하고 있다.

최근 하천변이 정비되고 신천 하수처리장과 지산 하수처리장에서 방류수가 공급되면서 신천이 살아나고 있다. 깨끗한 물이 흘러내리자 자연 생태계가 회복되고, 동물들이 돌아오고 있다. 최근에 잉어와 메기를 비롯한 여러 종류의 물고기와 새, 그리고 수달 등이 살고 있는 것으로 확인되었다.

신천 정비 사업이 성공적인 측면만 있는 것은 아니다. 인공적인 제방과 고수부지의 조성으로 자연적인 멋은 많이 상실되었다. 하지만 시민들이 좀 더 신천의 환경에 관심을 기울인다면, 일급수에만 산다는 수달이 더욱 늘어날 것이다. 신천이 인공적인 강에서 살아 있는 강으로, 소(沼)와 여울이 있는 자연 생태 하천으로 거듭나기를 기대한다.

현재 대구시는 신천 생태 공원 사업뿐만 아니라 범어천, 수성못, 대명천 등의 샛강들을 원래 모습대로 가꾸어 시민들에게 여가 · 휴식 공간으로 제공하기 위한 생태 복원 사업을 계속 추진하고 있다. 물론 앞선 신천의 사례보다 더욱 완벽한 복원 사업이 되어야 할 것이다.

**신천의 유래**

'신천(新川)'이란 '새로운 하천'이란 뜻이다. 과거에 대구읍성, 즉 시가지에 물난리가 심하였는데, 정조 2년(1778년)에 대구판관 이서가 자신의 사재로 제방을 새로 쌓아 물줄기를 돌렸다. 이로써 '신천'의 이름이 유래되었다고 알려져 있다.

그러나 최근 신천의 유래에 대한 새로운 설이 있다. 고지도와 지리지 등을 분석한 결과, 대구의 신천은 대구부와 수성현 사이를 흐르는 하천이라는 뜻에서 '사이천' 또는 '새천(샛강)'이 한자로 표기되는 과정에서 신천으로 오기되었을 가능성이 크다는 것이다.

## 쌀과 양잠, 사과가 사라진 달구벌

영남 내륙 농업의 중심지였던 분지에서 거대도시를 품은 분지로

대구에서 판매되는 쌀의 원산지를 살펴보면, 의성 안계, 안동 풍산, 상주 함창, 경주 안강 등이 대부분이다. 이런 지역에서 쌀이 많이 생산되는 이유는 무엇일까? 그리고 대구분지의 충적지와 침식 구릉지에서는 어떤 농작물이 재배되며, 토지 이용은 어떻게 바뀌고 있을까?

하천 중상류에 발달하는 침식 분지는 산지가 대부분인 내륙 지방의 주요 평야이다. 특히 하천변에 발달한 충적지는 농경에 유리한 비옥한 충적토로 구성되어 있다. 이러한 충적지는 벼농사가 중심인 우리나라 농촌의 주요 경작지이다.

낙동강 유역에는 곳곳에 많은 침식 분지가 발달해 있다. 안동, 영주, 의성, 상주, 김천 등도 대구와 마찬가지로 낙동강 유역에 발달한 침식 분지이다. 특히 의성 안계, 안동 풍산, 상주 함창, 경주 안강 등은 경북의 4대 평야 지역이다. 이 네 곳은 하천변에 발달한 평야를 바탕으로 과거부터 경북의 4대 쌀 주산지가 될 수 있었다.

대구는 낙동강의 중류 지역에 속한 내륙의 침식 분지이다. '달구벌'이라는 이름으로 더 친근한 대구분지의 평지는 저지대인 하천 충적지와 고도가 높은 침식 구릉지로 나뉜다. 하천변의 충적지는 주로 논으로 이용되어 쌀을 생산하였다. 과거에 경북

그림 2-20 수성들 일대의 1950년대의 모습과 현재의 모습
출처: 대구광역시청 제공(좌), 2014년 1월 4일 촬영(우)
1950년대까지는 대부분 논이나 사과밭이었으나, 현재는 건물들이 밀집한 시가지로 변했다. 사진 중앙의 교량은 중동교이다.

의 5대 평야 중의 하나이던 대구분지는 '수성들'을 중심으로 쌀이 주로 생산되었다. 그러나 농경지가 도시화에 밀려나면서 대구 시내에서는 논이 거의 사라졌다. 농경지였던 곳들이 대부분 주거지나 공장 용지 등으로 바뀐 것이다. 현재 농경지로 남아 있는 곳에서도 대부분 쌀이 아닌, 시설 채소나 과수 등의 원예 작물이 재배되고 있다.

대구분지 곳곳에 발달한 침식 구릉지는 일찍이 밭으로 이용되었다. 이곳에서는 주로 양잠을 하거나 보리, 잡곡 등을 생산하였다. 일제강점기 때에는 하천변의 자연 제방과 침식 구릉지를 개발하여, 이곳에서 사과가 집중적으로 생산되기도 했다. 그러나 도시화에 밀려 대구 시내는 물론이거니와 대구 주변의 교외 지역에서 조차 사과밭을 구경하기가 힘들어졌다. 교통이 발달하면서 냉량성 과일인 사과의 재배 지역이 대구 주변에서 경북의 북부 지역으로 이동해 버렸기 때문이다. 현재 대구 시내에 위치한 구릉지는 대부분 시가지로 개발되었지만, 원래 모습인 산지로 남아 있는 봉우리들은 공원으로 개발된 곳이 많다. 그 대신 대구 인근의 교외 지역에서는 소비 시장에 가까운 곳이 유리한 복숭아, 포도, 대추 등이 주로 재배되고 있다.

대구는 낙동강 유역에 위치한 분지 중에서 규모가 가장 크지만, 더 이상 쌀의 주산지도 아니고 양잠이나 사과의 주산지도 아니다. 그러나 이러한 변화는 도시화에 따른 일련의 진화 과정일 뿐이다. 과거 농경 시대에는 대구가 영남 내륙의 쌀 생산의 중심지였지만, 오늘날은 거대 도시로 발달해 있기 때문이다. 하지만 도시화가 덜 진행된 대구분지 주변의 다른 침식 분지들은 사정이 다르다. 상주, 안동, 의성 등 대부분의 분지 지역들은 농업에 유리한 비옥한 충적지를 배경으로 경북의 주요 쌀 공급원으로서 내륙지방 농업의 중심지 자리를 굳건히 지키고 있다.

## 사라져 가는, 대구분지 내의 습지

### 생태계 파괴로 습지가 줄어든 대구의 하천

대구 시내를 흐르는 하천들은 콘크리트로 말끔히 정비되었거나 복개되었기 때문에 원래의 모습을 찾아보기가 어렵다. 대부분의 하천과 그 주변이 사람들에 의해 훼손되어 버린 것이다. 오늘날에는 수질 오염 문제가 부각되면서 하천 습지의 중요성이 커지고 있다. 대구분지의 주요 습지는 주로 어디에 분포하고 있으며, 이들 습지의 보존 상태는 어떠할까?

습지는 생태계의 보고라고 일컬어진다. 하지만 대구의 하천은 습지가 잘 발달할 수 있는 여건이 조성돼 있지 않다. 단순히 물의 이동 통로 구실밖에 할 수 없는 하천이 대부분을 차지하기 때문이다. 이러한 원인은 하천 직강 공사와 콘크리트 제방 설치, 하천 복개 등으로 하천 주변의 생태계 파괴가 계속적으로 이루어진 데 있다. 현재 보존 상태가 비교적 양호한 대구의 습지는 동화천 습지, 안심 습지, 달성 습지 등이 있을 뿐이다.

이 중 동화천은 팔공산에서 발원하여 금호강으로 유입되는 샛강으로, 현재 하천을 따라 습지가 잘 보존되어 있는 편이다. 하지만 현재 각종 도로 공사로 생태계가 파괴되면서 예전처럼 넓은 범위의 습지를 형성하지 못하고 있다. 동화천은 친환경적 하천 유지를 위한 보호가 시급히 필요한 곳이다. 이는 팔공산과 앞산을 이어 주는 하나의 생태 축으로서 대구의 생태계를 복원하는 데에 매우 중요한 역할을 하기 때문이다. 그래도 동화천 습지가 지금까지 살아남은 것은 환경 단체들의 피나는 노력의 결과라는 사실을 관심 있는 대구 시민들은 대부분 알고 있을 것이다.

그림 2-21 동화천 습지
2013년 9월 8일 촬영

그림 2-22 안심 습지
2013년 8월 2일 촬영

안심 습지는 금호강이 대구로 유입하는 경계 부분에 위치하고 있다. 현재의 안심 습지는 금호강의 홍수를 대비해 만든 제방에 의해 형성된 인공 늪이지만, 원래는 제방 바깥쪽으로 넓게 펼쳐진 지역을 일컫는 것이었다. 이곳은 자라풀, 노랑어리연꽃 등의 희귀 식물들과 원앙, 고니, 가창오리 등의 희귀 조류들이 서식하는 '살아 있는 자연 학습원'이다. 2010년부터 시작된 금호강 생태 하천 조성 사업 과정에서 안심 습지에 대한 개발과 보존에 대해 갈등을 겪기도 했다. 그러나 최근 반야월 연밭길이 유명세를 타면서 안심 습지가 대구의 대표적인 생태 학습 명소로 자리를 잡아 가고 있다.

또한 달성 습지는 낙동강, 금호강, 진천천 등이 합쳐지는 생태적 민감 지역이다. 낙동강과 금호강이 합류하면서 유속이 느려져 각종 퇴적물이 강바닥에 쌓여 하중도를 형성하고 있다. 현재 큰기러기와 흑두루미 등의 각종 보호종이 찾아오는 곳으로, 보전이 필요한 장소이다. 최근 4대강 살리기 사업의 추진 과정에서 달성 습지의 보존 문제가 대구 시민들을 안타깝게 하기도 했다. 강정 · 고령보의 건설 과정에서 달성 습지 일대가 많이 훼손되었기 때문이다.

습지는 지구상에서 가장 생명력이 풍부한 지역이다. 물이 고이고 흐르는 과정을 통하여 다양한 생명체를 키움으로써 완벽한 생산과 소비의 균형을 갖춘, 하나의 생태계이다. 많은 생명체에게 서식처를 제공하고, 하천 생태계가 안정된 수준으로 유지되도록 한다. 따라서 다양한 생물이 서식하는 공간인 습지를 보호하는 일은 곧 생태계 보호를 의미한다.

그림 2-23 화원유원지에서 바라본 달성 습지
2013년 11월 16일 촬영
무분별한 개발과 상류 지역 댐 건설 등으로 습지 기능을 잃어 가고 있는 달성 습지가 생태계 복원을 통해 생태 문화 관광지로 조성될 예정이다.

다행히 대구에는 보존 상태가 양호한 습지들이 남아 있다. 지금까지 보존된 곳이라도 잘 관리하여 아이들이 습지를 찾아 자연을 만끽하고 생명력을 느끼면서 살아갈 수 있기를 기대한다.

## 더 알아보기

1. 범람원의 특징과 이러한 지형이 우리나라에서 잘 발달한 이유를 알아보자.
2. 금호강 범람원의 토지 이용이 어떻게 변화했는지를 알아보자.
3. 하천 습지를 잘 보존해야 하는 이유를 설명해 보자.

# 독특한 대구 기후

남부 내륙에 위치한 대구분지는 특수한 기후가 나타난다. 여름과 겨울의 연교차가 크기 때문에 우리나라에서 가장 무더운 곳이며, 남한에서 강수량이 가장 적은 소우지로 일찍부터 관개용 저수지가 발달하였다. 그리고 서풍이 탁월하기 때문에 북서쪽의 공단에서 배출된 매연이 시가지의 대기 오염을 악화시켰다. 한편 지구 온난화로 식생이 변하면서 도동 측백나무 숲의 서식지도 줄어들고 있다.

## 우리나라에서 가장 무더운 곳은 대구?

내륙의 분지인 대구는 여름이 덥고 겨울이 춥다

우리나라는 다른 온대 기후 지역의 국가들에 비해 여름철이 몹시 무덥고 겨울철은 매우 춥다. 특히 대구는 여름철이 우리나라에서 가장 무더운 곳으로 알려져 있고, 겨울도 남부 지방의 다른 도시에 비해 매우 추운 편이다. 이처럼 대구의 여름과 겨울의 기온 변화, 즉 연교차가 큰 이유는 무엇일까?

우리나라는 유라시아 대륙의 동안에 위치하기 때문에 겨울에는 한반도 북서쪽에 위치해 있는 한랭 건조한 시베리아 기단의 영향을 받고, 여름에는 남쪽 해상에 위치해 있는 고온 다습한 북태평양 기단의 영향을 받는다. 이렇게 계절에 따라 서로 상이한 성질을 갖는 기단의 영향을 받으므로, 같은 위도의 대륙 서안에 위치한 다른 나라들에 비해 연교차가 큰 대륙성 기후가 나타나 사계절의 변화가 뚜렷하다. 이러한 기후의 특징은 북쪽으로 갈수록, 내륙으로 갈수록 더 잘 나타난다.

대구는 해안에서 100km 이상 떨어진 내륙에 위치하고 있다. 해안에서 멀리 떨어져 있기 때문에 바다의 영향을 적게 받는 편이다. 따라서 해변에 위치한 도시에 비해 겨울이

그림 2-24 대구 도심의 무더위를 스프링쿨러로 식히는 모습
2013년 8월 13일 촬영

매우 춥고 여름이 더 덥다. 가장 추웠던 때는 1923년 1월 19일로, 당시 최저기온 -20.2℃를 기록했다. 이 수치는 같은 위도의 전주(-17.1℃)나 포항(-15.9℃)의 것보다 훨씬 낮으며, 서울(-23.1℃)이나 부산(-14.0℃) 등의 것과도 비교되는 것이다.

또한 대구는 사방이 높은 산지로 둘러싸여 있어, 전형적인 분지 기후를 나타낸다. 산지로 둘러싸인 내륙의 분지는 공기가 산을 넘는 과정에서 온도가 높아지는 푄 현상이 나타난다. 경상분지의 중앙에 위치한 대구처럼 여러 겹의 산지로 둘러싸인 경우에는 산을 넘을 때마다 푄 현상이 몇 번에 걸쳐 반복되기 때문에 더욱 뚜렷하게 나타난다. 더욱이 높은 산으로 둘러싸인 분지라는 지형 때문에 내부의 더운 공기가 밖으로 빠져나가지 못하여 여름철 기온이 더 높아진다.

대구는 전국에서 가장 더운 지역으로 유명하다. 1942년 8월 1일에는 40.0℃에 달하여 우리나라에서 가장 높은 기온을 기록한 바 있다. 일 최고기온 30℃ 이상인 열대일이 40일로, 전국에서 가장 길다. 이는 서울의 18일보다 22일이나 길다. 같은 위도의 포항이나 군산에 비해 여름철 기온이 더 높고, 연교차도 더 크다.

인간은 일찍부터 환경의 영향을 받아 왔고, 이에 따라 의식주 등 모든 부문에 걸쳐 자연에 적응하며 살아 왔다. 대구의 음식이 다른 지역보다 맵고 얼큰한 것은 극단적인 기후 환경의 영향 때문이다. 이러한 환경은 사람들의 성격 형성에도 많은 영향을 미쳤다. 대구분지의 대륙적인 기후 특징은 화끈하고 직설적이며 끈기 있는 대구인의 기질을 만들었다. 즉, 대구인의 화끈한 기질은 여름철의 혹독한 더위와 겨울철의 추위를 참고 생활해 온 과정에서 형성된 것이라고 생각할 수 있다. 과거 신라 시대부터 역사적으로 큰 발자취를 남긴 선조들뿐만 아니라, 일제강점기의 독립 운동이나 현대사에서 화끈한 애국심을 발휘하여 오늘날의 우리나라로 성장하게 한 것도 대구분지를 포함한 그 인근의 경상도 사람들이다.

## 대구 주변에 저수지가 많은 이유

### 높은 산으로 둘러싸인 내륙의 분지는 강수량이 적다

대구 주변의 교외 지역에는 유달리 벼농사를 위한 관개용 저수지가 많이 눈에 띈다. 이곳의 농촌 마을 어느 곳에서나 저수지를 쉽게 만날 수 있기 때문에 강태공들에게는 더할 수 없는 최고의 환경이다. 물론 다른 지방에서도 벼농사가 행해지지만, 유독 대구 주변에 저수지가 많은 것은 무엇 때문일까?

우리나라는 온대 계절풍 기후에 해당하므로 세계적으로 볼 때는 다우 지역에 속한다. 그러나 대구의 연평균 강수량은 1,030.6㎜로, 전국 평균 1,316㎜에 비해 매우 적은 편이다. 이와 같이 강수량이 적은 이유는 지형과 풍향의 영향 때문이다. 서남쪽으로 유입되는 습윤한 공기를 소백산맥이 차단하여 그 바람이 부딪치는 쪽인 서쪽과 남쪽에 비를 내리고, 대구를 포함한 경북 내륙 지방에는 이미 습기가 제거된 바람이 불기 때문에 강수량이 훨씬 줄어들게 된다.

대구의 강수는 여름철의 집중률이 매우 높다. 비는 장마와 여름 계절풍 및 태풍에 의해 주로 내린다. 이들의 영향이 큰 6월에서 8월까지의 3개월 동안에 연강수량의 54%가 집중된다. 반면, 겨울철에는 건기가 되어 12월에서 이듬해 2월 사이의 강수량은 연강수량의 6%에 해당하는 63.8㎜에 불과하다. 이를 통해 건조한 대륙에서 북서계절풍이 불어오는 겨울뿐만 아니라 습기가 제거되어 건조해진 바람이 부는 봄과 가을에도 강수량이 매우 적다는 것을 알 수 있다.

대구는 연평균 강수일수(0.1㎜ 이상)가 93.1일이고, 연평균 증발량이 1,311.8㎜이다. 110일 내외인 다른 도시에 비해 강수일수는 적고, 전국 평균 1,200㎜에 비해 증

그림 2-25 농업용 저수지에서 시민들의 휴식처로 바뀐 수성못
2013년 11월 23일 촬영
대구 시내에 분포하는 농업용 저수지는 대부분 매립되거나 사라지고, 시민들의 휴식처로 바뀐 곳만 일부 남아 있다.

발량은 많은 편이다. 이것은 내륙의 분지인 대구가 쾌청한 날이 많아 일조시수가 길기 때문이다.

이와 같은 강수 및 증발의 특징 때문에 시가지의 공기가 건조하여 평소 먼지가 많다는 문제점이 있다. 또한 예로부터 모내기철인 5~6월에 심한 물 부족을 겪어 왔다. 이를 극복하기 위해 대구분지와 그 주변에 사는 사람들은 저수지를 많이 만들었다. 부족한 강수량을 극복하기 위해 일찍부터 관개 시설 확충에 노력한 결과, 저수지의 밀도가 우리나라에서 가장 높은 지역이 되었던 것이다.

그러나 강수량보다 증발량이 많은 대구의 기후 특색이 거대도시로 성장한 오늘날에도 문제가 될까? 많은 일조 시간은 일찍부터 사과 재배나 섬유 공업 발달에는 도움이 되었다. 다른 지역에 비해 집중호우의 양이 적고 빈도가 낮기 때문에 물난리도 매우 드물다. 지금처럼 하천에 물이 흐르고 가로수가 자라는 데 지장이 없을 정도라면, 도시 생활에서는 비가 오지 않는 맑은 날씨가 인간 생활에 더 유리한 경우도 많다. 흐린 날씨보다는 쾌청한 날씨가 생활에 더 유리하기 때문이다.

이처럼 대구는 내륙에 위치한 분지이기 때문에 우리나라의 다른 지역에 비해 강수량이 적은 소우지에 해당된다. 적은 강수량으로 인해 벼농사를 위한 관개용수 공급이 불리했다. 그러나 오늘날 도시 생활에서는 비가 적은 소우지가 유리한 점이 많다. 또한 대구의 강수량이 우리나라에서는 적은 편이지만, 용수 공급에 문제가 될 정도의 소우지는 아니다. 약간의 부족함은 저수지 건설이나 지하수 개발 등을 통하여 극복할 수 있기 때문이다.

## 서풍이 탁월한 대구의 바람

### 대구의 풍향은 계절풍과 지형의 영향이 크다

대구의 공단이 시가지의 북쪽과 서쪽에 위치하여 평상시 시내 공기가 깨끗하지 않다고들 한다. 북쪽에 위치한 3공단과 서쪽의 서대구공단, 성서공단 등에서 배출되는 매연이 시가지의 대기 오염을 가중시키는 이유는 무엇일까?

우리나라는 중위도 지방의 편서풍대에 자리 잡고 있지만 유라시아 대륙의 동안에 위치하므로 대륙 서안에 비해 편서풍이 약한 반면 계절풍의 영향을 크게 받는다. 그러나 기본적으로는 편서풍대에 속해 있으므로 상층기류는 서풍이 탁월하다. 따라서 대부분의 기상 현상이 우리나라의 서쪽에서 동쪽으로 이동해 오는 모습을 보인다.

계절풍의 풍향은 겨울에는 한반도 북서쪽의 시베리아 기단이 고기압이 되므로 북서풍이 불고, 여름에는 북태평양 기단이 고기압이 되기 때문에 남동 · 남서풍이 불어온다. 그러나 바람은 지형의 영향도 크게 받으므로 지역에 따라 풍향과 풍속의 차이가 커지게 된다.

대구의 바람장미(wind rose)는 다른 지방의 그것과는 약간의 차이를 보인다. 대구의 연중 풍향은 서풍이나 서북서풍, 북서풍 등 소위 서풍 계열이 탁월하며, 나머지는 동풍 계열이 차지하는 편이다. 이와 같은 풍향을 보이는 것은 계절풍의 영향도 있지만, 대구의 지형과도 관련이 있다. 남쪽과 북쪽에는 높은 산지로 막혀 있고 동쪽과 서쪽은 상대적으로 열려 있는 모습이기 때문이다.

겨울은 서풍 계열의 풍향이 단연 우세하다. 서북서풍과 서풍, 그리고 북서풍이 절반 이상을 차지한다. 평균 풍속도 서북서풍 및 북서풍은 겨울 동안 초속 4m를 넘고 있다. 여름은 반대로 동남풍 등의 동풍 계열이 우세하다.

오늘날 대도시 지역은 대기 오염 등의 환경오염 문제가 심각하다. 대구도 예외일 수는

그림 2-26 서풍이 탁월한 대구의 바람(성서 지역의 공장 굴뚝)
2013년 12월 21일 촬영
대구의 공단이 시가지의 북쪽과 서쪽에 위치하고 있어, 북서풍을 타고 대기오염 문제를 더욱 가중시킨다.

없다. 비가 내린 직후의 맑게 갠 날에는 팔공산의 위용을 시내 어디에서나 볼 수 있지만, 평상시 시내에서 팔공산 쪽을 바라보면 아무것도 보이지 않는다. 산지로 둘러싸인 내륙의 분지가 아닌 대평원에 살고 있는 느낌이다. 특히 환절기나 겨울철에는 더욱 심한 편이다. 겨울철에 대구의 대기 오염 농도가 높은 것은 북쪽과 서쪽에 위치한 공단에서 불어오는 매연 때문이다.

산업화 초기인 1960년대만 하더라도 환경 문제가 별로 심각하지 않았다. 대구의 경우에도 공업 입지 선정 과정에서 환경 문제가 크게 고려되지 않았다. 환경보다 시장이나 교통 등의 조건이 우선되었기 때문이다. 대구는 서풍 계열이 탁월하지만 공단들은 대부분 시가지의 북서쪽에 위치해 있다. 공단 지대의 매연이 시가지로 향하도록 되어 있는 셈이다. 따라서 북서쪽에 위치한 공단에서 배출된 매연이 시가지의 대기 상태를 더욱 악화시킨 것이다.

최근 환경오염 문제는 대도시의 가장 주요한 도시 문제 중의 하나가 되었다. 대기 오염에 대한 방지 대책이 더욱 철저히 이루어져야 한다. 나아가 앞으로의 도시 계획에서는 공업 단지나 주거 단지의 입지를 결정할 때 풍향 등 바람에 대한 특징도 철저히 분석해서 반영해야 할 것이다.

## 서식지가 줄어드는 도동 측백나무 숲

지구 온난화로 대구의 식생이 변하고 있다

대구에는 천연기념물 제1호인 도동 측백나무 숲이 있다. 우리나라의 몇 안 되는 측백나무 군락지 중의 하나로 관심을 모으는 곳이다. 그러나 최근 측백나무의 서식지가 급속히 줄어들고 있다고 한다. 이러한 변화의 원인은 무엇이며, 대구에는 어떤 나무들이 주로 분포하고 있을까?

불로천 상류의 향산 절벽에 1,000여 그루의 측백나무가 자생하고 있다. 측백나무는 중국에서 전래된 것으로 알려져 있었으나, 우리나라의 자생지가 확인되면서 천연기념물로 지정하여 보호하고 있다. 특히 측백나무의 남방 한계선인 대구에 군락을 이루고 있다는 점에서 식물지리학 및 생태학적으로 가치를 높게 평가받고 있다.

측백나무는 취락 주변의 환경을 아름답게 하기 위해 오래전부터 선조들이 즐겨 심던 나무 중의 하나이다. 조선 초기의 대학자 서거정 선생은 그의 시문집에서 '대구십영'을 노래하였는데, 제6경의 '북벽향림(北壁香林)'이 바로 이 측백나무 숲을 두고 하는 내용이다. 서거정 선생이 시로 남긴 것으로 보아도 도동 측백나무의 수령이 500년 이상이나 되었음을 짐작할 수 있다.

하지만 환경 단체에서 도동 측백나무에 대한 실태 조사를 한 결과, 서식 규모가 보존 구역의 14% 정도만 남은 것으로 확인됐다. 천연기념물로 지정된 1962년 당시 수천 그루에 달하던 것이 거의 사라진 것이다. 함부로 나무를 베어 가도록 방치했던 것도 그 원인이지만, 기후 변화나 가뭄, 이상 기온 등도 주요 원인으로 지적되고 있다.

특히 최근 측백나무 군락지에 다른 삽목들이 빈식하여 개체 수가 더욱 줄고 있다. 고도가 낮은 하천변에는 측백나무가 사라진 것을 쉽게 확인할 수 있다. 마치 지구 온난화에 따른 기후 변화의 현장을 최전선에서 목격하는 듯하다. 기온이 상승하면서 더 이상 측백나무 자생지로서의 적정 환경이 아니기 때문이다.

대구는 온대 낙엽 활엽수림대에 위치하며 기온이 높으므로 식물이 잘 자란다. 침엽수도 분포하고 있으나 낙엽 활엽수가 절대적으로 우세하며 우리나라 고유 식물의 대부분이 분포하고 있는 것이 특색이다. 팔공산과 비슬산을 중심으로 소나무, 전나무, 잣나무 등 침엽수가 분포하고 있으나, 졸참나무, 박달나무, 신나무, 달피나무 등 활엽수가 널리 자라고 있다.

그림 2-27 도동 측백나무 숲(천연기념물 제1호)
2013년 11월 23일 촬영
고도가 낮은 하천변에는 측백나무가 사라지고, 잡목들이 자라고 있다.

지구 온난화에 따른 기후 변화는 대구도 예외가 아니다. 20세기 초에 비해 대구의 겨울은 30일이나 짧아지고 여름은 20일 정도 늘어난 것으로 보고되었다. 현재 대구에 자생하는 나무들도 측백나무와 같은 상황을 맞이하지 않으리라는 보장은 없다. 소나무나 졸참나무가 자라던 곳에 아열대 식생이 대신할 수도 있기 때문이다.

최근의 기후 변화는 자연 현상이 아니라 인간에 의해 저질러진 재앙이라는 것을 우리는 너무나 잘 알고 있다. 다행스럽게도 대구시는 담장을 허물고 나무를 심는 등, 더 이상의 기후 변화를 막기 위해 노력하고 있다. 이런 작은 노력들이 모아지면 지구 온난화를 저지할 수 있게 될 것이다. 언젠가는 대구가 측백나무 숲이 옛 모습을 되찾고, 또 녹지가 가득한 공원 속의 도시로 거듭나기를 기대해 본다.

### 더 알아보기

1. 분지 기후가 산지나 해안 지역의 기후와 다른 이유를 알아보자.
2. 최근 대구지역에서 나타난 식생 분포의 변화 사례를 찾아보자.

# 더 나은 환경을 위한 노력

급속한 산업화와 도시화는 대구분지의 환경 문제를 야기했다. 그러나 시민들은 끈질긴 노력으로 이를 극복하여 살기 좋은 도시를 만들고 있다. 수질이 개선되면서 물고기가 돌아오게 되었고, 현재 도심 하천에 수달이 살고 있다. 가로수 심기로 여름철 무더위와 미세먼지 농도가 감소하였다. 그리고 폭염을 극복하려는 역발상의 지혜로 무더위를 축제로 승화시키기도 하였다.

## 수달이 살고 있는 도시

시민들의 노력으로 되살아난 하천 생태계

한때 대구 금호강은 낙동강 오염과 관련하여 따가운 시선을 받기도 했다. 그러나 최근 신천이 되살아나고 금호강 물이 맑아졌다. 어떻게 해서 하천 생태계가 회복되었으며, 현재 대구의 하천은 어떤 모습일까?

대구는 물의 도시이다. 시가지를 관통해서 흐르는 신천이 있고, 대구분지를 휘돌아 흐르는 금호강이 있다. 또한 1981년에 달성군이 편입되면서 대구는 금호강을 넘어 낙동강 시대를 맞이한 것이다. 대구는 선사시대부터 신천과 금호강, 그리고 낙동강을 중심으로 삶의 터전을 이루어 왔고, 현재도 강과 함께 도시가 형성되고 발전해 왔다.

현대 산업화의 부산물인 환경오염 문제가 대구도 예외일 수는 없었다. 도심의 샛강들은 악취 때문에 가까이 접근하기도 힘들었으며, 금호강도 낙동강 합류 지점에서는 오염 상태가 심각하였다. 이 때문에 대구에는 아픈 기억이 있다. 과거에 위천국가산업단지 조성을 둘러싸고 대구와 부산 경남 지역이 갈등을 빚어, 이 사업이 무산되었던 것이다. 결국 수질 오염이 대구의 발전에 걸림돌이 되었다.

그림 2-28 신천과 금호강에 조성된 수달 인공 서식지와 수달
출처: 대구광역시청 제공
대구시는 도심 하천에 서식하는 수달을 보호하기 위해 금호강과 신천에 18개의 인공 보금자리를 조성했다.

이때부터 대구는 수질 환경 개선을 위해 적극적인 노력을 기울여 왔다. 이러한 노력은 도심을 흐르는 신천에서부터 시작되었다. 1987년부터 시작된 신천 살리기 운동을 통해 하천변을 정비하고 하수처리장을 설치하였다. 이를 지속적으로 추진한 결과, 신천이 달라졌다. 맑은 물이 흘러내리며 생동감 넘치는 강으로 변했다. 유량이 늘어나고 유수가 맑아지면서 물고기가 돌아오고 악취가 사라졌다. 2004년부터는 천연기념물인 수달도 살고 있는 것으로 확인되었다. 거대도시인 대구의 도심을 흐르는 하천에서 수달을 볼 수 있다는 것은 실로 대단한 것이다.

그리고 대구분지를 가르는 금호강은 생태 하천 조성 사업을 통해 생명이 살아 숨 쉬는 희망의 강으로 되살아났다. 물고기들이 늘어나면서 먹이를 찾는 동식물들도 함께 늘어났다. 버들 숲이 우거져 새들도 찾아오게 되었다. 수질이 개선되면서 생태계가 살아난 것이다. 하천변을 정비하여 산책로와 테마 공원 등이 설치되면서 시민들이 즐겨 찾는 강이 되었다. 외면받고 버려졌던 금호강이 사람과 동식물이 공존하는 강으로 바뀐 것이다.

한편 달성군을 따라 흐르는 낙동강은 4대강 사업을 통해 바닥을 긁어내고 달성보와

강정 · 고령보를 건설하였다. 아직은 4대강 사업의 평가에 대해 논란이 있지만, 반드시 성공적인 사업이 되기를 바란다. 이를 계기로 수질이 더욱 개선되고 시민들이 즐겨 찾는 낙동강이 되어야 하기 때문이다. 나아가 낙동강이 옛 모습을 되찾아 팔공산과 더불어 대구의 상징으로 거듭나길 기대한다.

지금까지 대구가 하천을 중심으로 성장해 왔듯이 그 미래도 하천에 있다. 다행히 신천이 살아나고 금호강이 맑아졌다. 그리고 낙동강도 더욱 깨끗해질 것으로 기대하고 있다. 이 모두가 시민들이 하나로 뭉쳐 하천을 살리기 위해 적극적으로 노력한 결과이다. 이를 바탕으로 대구의 이미지를 개선하고 일류 도시의 역사를 펼쳐 가야 될 것이다.

## '더위 도시'에서 벗어난 대구

### 가로수 심기로 여름철 무더위와 미세먼지 농도 낮아져

대구는 우리나라에서 가장 무더운 곳으로 알려져 있다. 오존 농도가 가장 높았던 기록도 대구가 가지고 있다. 그러나 최근의 일기예보를 보면 대구는 여전히 덥긴 하지만 가장 더운 도시는 아닐 때가 많다. 대기 오염의 경우도 마찬가지다. 이러한 변화가 일어난 이유는 무엇 때문일까?

내륙의 분지인 대구는 사방이 산으로 둘러싸여 있고 바다와도 격리되어 있지만, 분지 내에 높은 산지는 거의 없다. 시가지가 발달한 평지는 대부분 완만한 침식 구릉지와 충적지로 구성되어 있다. 이러한 지형 경관은 개발에 유리하여 많은 인공적인 건물들이 자연 녹지를 밀어내고 빼곡히 들어서게 되었다. 이러한 현상으로 인해 한여름의 무더위는 더욱 기승을 부릴 수밖에 없고, 대기 오염도 점점 심해져 갔다. 인위적인 개발로 인해 대구의 대기 환경은 더욱 악화된 것이다.

그러나 분지의 특성으로 인한, '덥다'와 '먼지가 많다'라는 이미지는 대구시가 녹색도시로 나아가는 데 원동력으로 작용했다. 대구시는 1996년 민선자치의 시작과 함께 푸른 대구 가꾸기 사업을 추진했다. 여름철 폭염에서 벗어나 쾌적한 녹색 환경 도시를 만들기 위해 현재까지 2천만 그루 이상의 나무를 심었다. 울창한 가로수 숲 그늘 터널과 도심 공원들을 조성하였으며, 나아가 담장 허물기 운동과 건물 옥상 녹화를 대대적으로 전개하였다. 대구를 회색빛 콘크리트 숲에서 울창한 녹색 숲의 도시로 탈바꿈시킨 것이다.

푸른 대구 가꾸기 사업의 효과는 여러 방면에서 나타나고 있다. 대구는 이제 더 이상

그림 2-29 가로수가 집중적으로 심어진 도심의 모습(국채보상운동기념공원)
출처: 대구광역시 중구청 제공
도심 소공원 조성과 가로수 심기 사업을 통해 여름철 무더위와 대기 오염을 극복하는 데 효과를 보고 있다.

가장 더운 도시가 아니다. 2000년대 이후부터는 합천이나 밀양, 울산 등이 대구보다 더운 곳으로 보고되고 있다. 물론 한여름에는 여전히 덥지만, 그래도 최고 기온이 37℃를 잘 넘어서지 않는다. 대구 기상청은 2000년대 이후 대구의 여름 최고 기온이 이전 30년보다 평균 1.2℃ 낮아졌다고 분석했다. 같은 기간 전국 평균 기온은 2℃ 정도 올라갔다. 이것이 바로 도시 숲의 효과이고 푸른 대구 가꾸기 사업의 성과인 것이다.

또한 대기 오염의 개선에도 효과를 보았다. 대구의 미세먼지 농도는 2002년까지만 하더라도 서울에 이어 두 번째로 높았다. 그러나 푸른 대구 가꾸기 사업으로 대대적인 나무 심기가 이루어지면서 미세먼지 농도가 낮아지고 있다. 현재는 주요 대도시 중에서도 낮은 편에 속한다. 오존 농도도 미세먼지와 비슷하게 나타난다. 결국 가로수 심기로 무더위도 극복하고, 대기 오염도 감소시킨 것이다.

대기 오염처럼 파괴된 생태계를 복원하는 데는 많은 대가를 지불해야 한다. 또한 무더위처럼 불리한 자연환경을 개선하거나 극복하는 것도 쉬운 일이 아니다. 그러나 가로수 심기 등을 통해 지속적으로 노력하면 어느 정도는 효과가 있다는 것을 대구에서 증명하였다. 시민들의 노력으로 무더위와 대기 오염을 어느 정도 극복한 것이다.

그렇다고 현재의 성과에 만족하고 그 이상의 노력을 소홀히 할 수는 없다. 지금까지의 노력은 자연환경에 순응하는 관점에서 이루어진 것으로 무더위에 대한 소극적인 극복이기 때문이다. 무더위를 보다 적극적으로 극복하고 나아가 폭염을 자랑스럽게 홍보하고 즐길 수 있는 날이 오기를 기대한다.

## 무더위를 극복하려는 노력, 폭염 축제

### 폭염을 극복하려는 역발상의 지혜로 대구의 축제를 열다

2008년부터 수성못과 부근의 두산로에서는 한여름에 수성 폭염 축제가 열렸다. 대구의 폭염을 날려 버릴 수 있는 축제로, 많은 사람들에게 인기를 모았다. 폭염 축제에 사람들이 몰려온 이유는 무엇이며, 이러한 축제가 더욱 발전하기 위해서는 어떤 노력이 필요할까?

대구는 외지인에게 각인되는 도시 이미지가 도시 규모에 비해 약한 편이다. 서울이야 그 자체로 브랜드이고, 부산이나 인천에는 바다가 있다. 대구도 도시 이미지를 만들려고 노력한 흔적은 보인다. 몇 년 전부터 경부고속국도의 북대구 요금소 부근에서 '컬러풀 대구'라는 문구를 볼 수 있다. 그러나 '컬러풀 대구'는 대구를 상징하는 문구로서 공감을 얻기에는 다소 부족한 느낌이다.

결국 대구의 이미지를 만드는 일은 시민들이 공감할 수 있는 '무엇'인가를 찾아내는 것에서 시작되어야 하겠다. 그 가운데 대구의 무더운 기후도 생각해 볼 필요가 있다. 교과서에도 언급된 것처럼 '대구는 덥다'라는 사실은 가장 확실한 것이기 때문이다.

담장 허물기와 가로수 심기 사업을 추진해 온 대구는 최근 우리나라에서 가장 무더운 도시라는 타이틀을 다른 지역에 빼앗기는 경우가 종종 있다. 하지만 대구라고 하면 덥다는 인식이 아직은 지배적이다. 한여름이면 35℃를 넘나드는 더위로 50℃의 지열에, 체감 온도는 40℃가 넘는 그런 지역이다. 같은 34℃라도 분지인 대구는 공기 순환이 잘 이루어지지 않고 습도가 높아서 더 덥게 느껴진다. 대구는 여전히 손꼽히는 무더운 도시이다.

대구에서는 이 같은 무더운 폭염을 관광자원화한 이색적인 이벤트를 열어 눈길을 끌고 있다. 수성구는 2008년부터 매년 여름에 폭염 축제를 열었다. 이 축제는 무더위를 자원화한 이색 이벤트로 인기몰이를 하였다. 이 축제 기간 동안 대구 시민은 물론이고 전국 각지에서 수십만의 인파가 몰려들었다. '도심 속 더위 사냥'을 슬로건으로 내건 이 축

그림 2-30
**제3회 수성폭염축제 홍보 홈페이지 화면**
출처: 대구광역시 수성구청 제공

폭염 축제는 더위도 관광 자원이 될 수 있다는 역발상에 근거한 축제로 시민들의 호응이 높았으나 현재는 중단된 상태이다.

제에서는 물의 나라, 얼음의 나라, 바람의 나라 등 다채로운 이벤트가 흥미진진하게 펼쳐졌다.

폭염 축제는 더위도 관광 자원이 될 수 있다는 역발상에 근거한 축제이다. 차별화된 도심 축제로서 해를 거듭할수록 시민들의 사랑을 받아 왔다. 그러나 세계 육상 선수권 대회를 개최한 2011년부터 중단된 상태이다. 참여형 축제가 아니라 관람형 축제라는 한계에서 벗어나지 못하는 아쉬움도 있었다. 폭염 마라톤, 땀 흘리기 대회, 물총 싸움, 팔도 건강 보양식 등 시민들이 참여할 수 있는 행사를 중심으로 보완해서 더욱 발전시켜야 할 것이다.

또한 무더위를 극복하기 위한 활동은 물과 함께 이뤄지면 그 효과가 더욱 커질 것이다. 달성군의 편입으로 대구는 금호강을 넘어서 낙동강을 품은 도시가 되었다. 낙동강변에 세계적인 규모의 물놀이 시설을 갖추면 무더위와 어우러져 더욱 빛을 발할 것이다. '낙동강 축제'로 대구의 무더위를 승화시키면 대구의 스토리가 살아 있는 축제가 될 것이다. 한여름 밤에 낙동강을 무대로 화려한 불꽃놀이를 시작으로 물놀이 축제가 열릴 날을 기대해 본다.

## 더 알아보기

1. 대구의 하천이 깨끗하게 살아나면서 변화된 모습을 조사해 보자.
2. 불리한 자연환경을 역발상의 지혜로 극복한 다른 나라의 사례를 알아보자.

제3장

# 대구시 공간환경의 진화

대구시 공간환경의 기본 요소: 인구, 영역, 그리고 기능

역동적인 도시 구조

대구에서 2% 부족한 것과 개선

그림 3-1 반월당네거리
2014년 1월 1일 촬영

경상도의 대구 금호는 들이 크고 땅이 기름져서, 신라 때부터 지금까지 인가가 줄지 않는다. 지리와 생리가 모두 여러 대를 이어 살 만한 곳이다.

大丘琴湖并甫田腴壤自新羅至今人烟不衰地理生利俱可作世居之地

– 『택리지』(이중환 저 · 이익성 역) 중에서

대구라는 삶터는 누적적으로 변화, 즉 진화하여 왔다. 대구를 둘러싼 외부 환경과 대구 사람의 삶의 양식이 변해 왔기 때문이다. 최근에는 그 변화가 더욱 가속화되고 있다. 자연의 변화와는 달리 삶터의 변화는 되돌리기가 쉽지 않은 진화적 성격이 강하다. 그렇기에 변화에 대응하기 위한 노력과 전략이 요구된다. 이에 앞서 삶터의 변화의 실체를 이해해야 한다. 그리고 변화의 대응 전략은 대구 사람이 지향하는 가치와 부합되어야 한다. 이러한 관점에서 대구라는 삶터의 공간환경의 진화 과정을 이해해 보자.

# 대구시 공간환경의 기본 요소: 인구, 영역, 그리고 기능

변화의 주체는 사람, 즉 인간이다. 특정 지역에서 생활하는 인간 집단이 인구이다. 따라서 인구는 변화의 주체인 동시에 변화의 한 모습이기도 하다. 그리고 이들 인간 집단에 의한 변화의 무대가 영역이고, 특정 영역을 기반으로 한 도시가 수행하는 역할과 활동이 기능이다. 인구와 영역, 그리고 기능은 도시 변화의 기본적 요소이다.

## 대구시 인구 변화의 겉과 속, 그리고 빛과 그림자

대도시로 성장했지만, 선별적 인구 유출 문제는 지속되고 있다

대구를 삶터로 살아가는 대구 사람들, 즉 대구의 인구는 '증가와 감소' 및 '유입과 유출' 과정의 반복 속에서도 지속적으로 증가하여 왔다. 그 결과, 대구는 세계 수준의 대도시로 성장하게 되었다. 그러나 대구는 경북과 함께 최근 가속화되고 있는 지방 엑소더스(Exodus)의 대표 주자가 되고 말았다.

본격적인 산업화에 의한 도시화가 시작되기 이전인 1960년 당시 수도권(국토면적의 11.8%) 인구는 약 519만 명으로, 전국 인구의 20.8%를 차지하였다. 그러나 2010년 현재 수도권 인구는 약 2,434만 명으로, 전체 인구의 48.2%를 차지하여 전체 국민의 절반이 수도권에 살고 있다. 반면에 대구의 인구는 2000년 247만 명을 정점으로 지속적으로 감소하여, 2010년 말에는 243만 명으로 감소하였다. 최근 10년간 전국 대비 인구 비중도 2000년 5.4%에서 2010년 4.8%로 계속 감소하고 있다. 더욱이, 통계청 추정에 의하면, 2030년 대구는 210만 명으로 대폭 감소할 전망이다.

이와 같은 절대 인구의 감소보다 더욱 심각한 것은 선별적 인구 유출의 문제이다. 예를 들면, 대구시의 20~29세 연령층의 비율은 2000년 18.1%에서 2010년 14.8%로 감소하

였으며, 대구권의 주요 대학 졸업자의 수도권 유출 비중은 30%에 육박하고 있다. 바꾸어 말하면, 2000년 이후부터는 똑똑하고 젊은 사람을 중심으로 한 대구 사람들이 수도권을 비롯한 다른 지역으로 지속적으로 빠져나가고 있다는 것이다.

그렇다면 2000년까지 유지되어 온 대구시 인구 증가 현상은 이제 종말을 고하는 것일까? 물론 인구가 많은 지역이 반드시 좋은 삶터라고는 할 수 없다. 그렇지만 '살기 좋은 곳'이라면 인구가 줄어들 까닭이 없다. 대구로부터 타 지역으로 유출되는 인구의 평균 나이가 30대 중반이라는 것은 대구에 양질의 고용 기회가 부족하다는 것을 보여 주고 있다. 따라서 대구가 살 만한 곳이 되기 위해서는 우선적으로 유능한 젊은이들을 위한 제대로 된 일자리가 확충되어야 할 것이다.

최근에는 인구가 감소하는 지역이 되고 말았지만, 인구 200만의 대도시로 성장하기까지 대구시 인구는 100년 이상 지속적으로 증가하여 왔다. 대구부로 개칭된 1910년에 약 3만이던 대구 인구는 광복 직전인 1944년에 약 20만 명(약 500% 이상 증가)으로 급격하게 늘어났다. 이와 같은 인구 증가는 일제 식민지 수탈 정책으로 농촌에서 생활 기반을 잃은 농민들의 도시 이주와 1938년 대구부의 영역 확대에 기인하였다.

또한 광복과 6 · 25 전쟁이라는 혼란기를 겪으면서도 본격적인 근대화가 시작되기 이전까지 급속하게 증가하여 1960년에 대구시 인구는 약 68만 명에 이르렀다. 이와 같이 대구시 인구가 급속하게 늘어난 요인은 일제하에서 징병과 징용 등으로 우리나라를 떠났던 동포들의 귀환, 한국전쟁 피난민의 정착, 1957년 달성군 월배를 비롯한 5개 면의 편입, 그리고 경상북도 주변 농촌 지역으로부터의 인구 유입 등을 들 수 있다.

그리고 본격적인 공업화 · 도시화의 영향으로 대구시 인구는 1969년 100만 명, 1984년 200만 명을 돌파하면서 1990년까지 가장 급속하게 증가하였다. 그 이후 본격적인 수도권과 지방 간의 불균등 발전의 심화에 따른 인구 유출로 인구 증가율은 줄어들었으나 2000년까지는 절대 인구수는 늘어났다. 이 기간 동안의 대구시 인구 증가는 서울과 부산 등을 비롯한 다른 대도시나 울산과 창원을 비롯한 신산업 도시와 마찬가지로 급격한 이촌향도에 의한 사회적 증가와 전후 베이비부머로 대표되는 높은 출생률, 그리고 생활 수준의 향상과 의학 기술의 발달에 의한 사망률의 저하에 따른 인구의 자연 증가 등의 원인에 기인하고 있다.

그러나 다른 대도시와 신산업도시 지역에 비해 실질적으로 인구가 크게 늘어나지 않았음에도 불구하고 대구시의 인구가 높은 증가율을 유지할 수 있었던 것은 두 번에 걸친 대규모 시역 확대에 따른 인구 증가의 결과이다. 즉 1981년에 대구직할시로 승격하

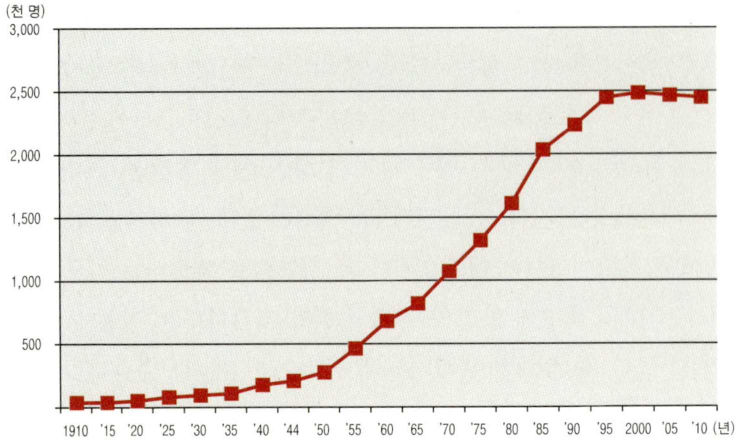


그림 3-2 대구시의 인구 변화

면서, 인접한 3개 군의 3개 읍과 2개 면을 편입함으로써, 무려 14.5%나 인구가 증가하였다. 더욱이 1980년대 후반에서 1990년대 초반에 걸쳐서는 대도시 주택 가격의 상승과 수도권과의 불균형 발전의 심화에 따른 인구 유출로 대구시 인구 증가율이 연 1% 미만으로 감소하였다. 1995년 광역시로 승격하면서 달성군 전역을 편입하면서 또 한 차례 약 12만 명의 인구가 늘어나게 되었다. 그러다가 2000년 이후부터 절대 인구수가 감소하는 추세가 현재까지 지속되고 있다.

이상에서 볼 수 있듯이, 대구시 인구는 약 10년 전까지 지속적으로 늘어날 수 있었던 것은 대구시 인구 부양 능력의 향상에 따른 젊은 연령층의 자발적 유입에 의한 것이 아니라, 경상북도를 중심으로 한 주변 농어촌 지역의 압출 요인(push factor)과 시역 확대에 의한 영향이 크다고 하겠다. 반면에 타 지역으로의 인구 유출은 타 지역의 좋은 일자리가 흡인 요인으로 작용하였다.

## 서울보다 넓은 면적-현재도 '칠곡 동명'은 대구시 편입을 원한다

### 대구는 경상북도 도청 소재지에서 직할시와 광역시로의 승격을 계기로 영역을 넓혀 왔다

대구는 조선 선조 34년(1601년), 경상감영이 옮겨 오면서, 또 1896년 이후 경상북도의 도청 소재지의 역할을 담당하면서 영남의 중심지로 성장했다. 광복 당시 대구부(大邱府)는 면적이 약 11㎢로, 현재 중구와 그 주변의 일부 지역이었다.

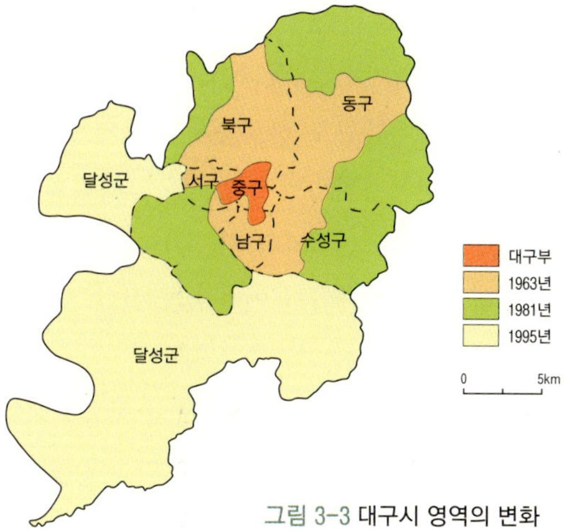


그림 3-3 대구시 영역의 변화

그 후 광복과 6 · 25 전쟁을 거치면서, 대구는 1950년대 중반에 인구 50만의 대도시로 성장하였다. 인구 성장과 그에 따른 도시 시설 증가에 따라 시역을 확장해야 했다. 그리하여 1958년에 동촌, 성서, 월배, 공산, 그리고 가창의 5개 면을 편입하여, 대구의 영역이 이전보다 3배 이상 늘어났다. 그러나 1963년에는 1958년 대구시로 편입된 지역 중에서 동촌과 동 · 서변동, 그리고 파동을 제외한 지역이 달성군으로 환원되어, 대구시의 영역은 다시 절반 이하로 축소되었다. 이러한 시역 조정과 함께 5개 구(區)가 설치되었다.

1960년대 이후, 급격한 산업화와 도시화의 영향으로 대구의 인구가 급속하게 증가하였다. 그에 따라 주택과 산업 시설, 그리고 교통 및 상하수도를 비롯한 각종 도시 기반시설과 주민 서비스에 대한 수요가 급격하게 늘어나게 되었다. 이러한 시대적 환경 변화로 1981년에 대구는 독립적인 직할시가 되었고, 시역도 1958년 당시 수준으로 확대되었다. 이후 1980년대에 들어서면서 새로 편입된 성서와 월배, 칠곡 등의 외곽 지역을 중심으로 대규모 아파트 단지가 건설되었다. 이에 따른 시가지의 외연적 팽창은 기존의 도심(CBD) 및 내부도시(inner city)의 공동화를 가속화하였다.

1991년, 지방자치제도가 부활되어 대구시는 광역자치단체가 되었다. 1995년에는 '대구광역시'로 명칭이 변경되면서 달성군을 통합하였고, 당시 서울시보다 넓은 885.6㎢의 시역을 확보하게 되었다. 대구시의 달성군 편입은 단순한 영역 확대 이상의 매우 중요한 의미를 가진다. 즉 달성군 통합으로 인해 대구시 영역은 기존의 신천과 금호강 유역에서 벗어나 낙동강 유역으로 확대됨으로써, 그동안 큰 강이나 바다와는 동떨어진 내륙분지라는 폐쇄적인 이미지를 벗어나게 되었다. 뿐만 아니라, 낙동강 유역의 넓은 벌(평야)을 품게 되어 '달구벌'이라는 명칭에 걸맞은 제대로 된 영역을 확보하게 되었다.

또한 2000년 이후, 대구시가 일인당 지역총생산(GRDP) 전국 최하위라는 불명예를 벗어나기 위한 최대 과제였던 국가산업단지를 비롯한 대규모 산업용지 확보의 문제도 해결되었다. 현재 건설되고 있는 달성군 구지면의 국가산업단지인 대구사이언스파크가 완공되면, 이미 이 지역에 입지하고 있는 DGIST(대구경북과학기술원)와의 산학연계에 기반을 둔 첨단산업클러스터를 형성함으로써 대구시 산업의 메카로 발전할 것으로 기대된다.

이제 대구시 영역은 넓이와 내용 면에서 영남의 중심적인 삶터로서의 필요조건을 갖추게 되었다. 앞으로는 양적 팽창을 꾀하기보다는 젊고 유능한 대구의 아들딸들이 대구를 사랑하며 살아갈 수 있도록 더욱 알차게 가꾸어야 한다. 현재 '대구시 편입을 원하는 칠곡 동명'(『영남일보』, 2013년 8월 15일자)을 타산지석으로 삼아야 할 것이다.

## 영남의 중심지에서 동북아의 중심 도시로의 진화를 모색하다

### 조선시대에는 행정 중심 도시, 산업화시대에는 섬유 도시, 21세기에는 지식 기반 도시로!

삶터로서의 도시는 끊임없이 진화한다. 보다 정확하게 말하면, 도시가 수행하는 역할과 활동, 즉 기능이 변화한다. 이러한 기능의 변화는 때때로 삶터의 본질을 변화시킨다. 삶의 터전으로서의 대구를 위해하기 위해서는 이곳이 그동안 어떠한 역할과 기능을 담당하였는지를 살펴보고, 앞으로 담당할 수 있고 또 담당해야 하는 기능은 무엇인가 모색해야 한다.

그동안 대구는 우리나라가 남북으로 분단되기 이전까지는 서울과 평양, 그 이후에는 서울 · 부산에 이어 우리나라 3대 도시로 인식되어 왔다. 뿐만 아니라, 대구 사람들은 비록 부산보다 그 인구수는 적지만, 영남지역의 명실상부한 행정, 사회, 문화의 중심지라는 자부심을 가지고 있었다. 언제부터인가 대구 사람들은 한강 이남의 최고라는 것에 익숙하고, 또한 그것에 만족하며 살아 왔다. 그래서 우리나라 '최고'라는 것에, 심지어는 '우리나라에서 가장 더운 도시'라는 것에도 애착을 가진다. 이러한 의식은 오랜 기간에 걸쳐 대구가 담당해 온 역할과 기능이 대구 사람들의 삶에 스며들어 나타나는 대구의 문화이기도 하다.

그런데 21세기에 접어들어 서울을 비롯한 수도권과의 비수도권 간의 지역 격차가 심화되면서 국내 3대 도시로서의 위상이 무너졌다. 심지어 '스스로 재기할 수 있는 힘이 남아 있는지조차 의심스럽다'는 탄식과 우려가 쏟아지고 있다. 그렇다면 과거에 대구라는 지역은 어떠한 역할과 기능을 수행하면서 우리나라 3대 도시, 한강이남 제일의 '대구 및 대구 사람다움'이라는 자긍심을 키워 올 수 있었을까?

대구는 '큰(달) 언덕(구)과 벌판(벌)'이라는 이름에 걸맞게 큰 도시이다. 대구의 잠재성은 삼국 통일 이후 신라의 천도 계획을 통하여 확인할 수 있다. 즉, 대구는 예로부터 넓은 분지라는 군사적 요충지와 낙동강과 금호강의 편리한 수로를 활용한 교통의 요지로 통일 신라의 수도로서의 역할을 충분히 수행할 수 있는 입지 조건을 갖추고 있었다. 그럼에도 불구하고, 당시 경주 기득권층의 반발 때문에 대구가 천년 왕도로 발전할 수 있었던 기회는 물거품이 되고 말았다.

그렇다고 해서 대구라는 그릇의 크기가 달라지는 것은 아니었다. 조선 건국 이후 세조 때 도호부로 승격하면서 큰 고을로 인정받게 되었다. 그 후 임진왜란을 겪으면서 경상감영이 입지하여 행정 중심지로서의 기능 외에, 요즈음 말로 표현하면, 경상도 전 지역을 배후지로 하는 대도시권의 중심 도시로서의 역할을 수행하게 되었다. 그리고 약령시(藥令市)와 서문시장 등의 대규모 시장이 개설되어 전국적 차원의 상업 중심지로서의 위상을 차지하게 되었다.

일제강점기는 대구라는 삶터의 근간을 뒤흔들어 버렸다. 영남 중심지의 상징이었던 경상감영이 입지한 대구읍성은 파괴되고, 대구의 기능과 역할은 일본의 수탈과 식민지 경영의 전진기지로 전락하고 말았다. 특히 1930년대에는 중일전쟁을 계기로 북한 지역을 중심으로 철강, 기계, 화학과 같은 중공업이 발달하였으나, 대구는 산업이 식품, 섬유, 담배와 같은 소규모 소비재 제조업 중심의 식민지 초기와 전혀 달라진 것이 없었다. 오히려 산업적인 면보다는 일제의 식민지 수탈 정책에 맞서서 국권을 회복하기 위한 국채 보상 운동을 전개함으로써 국권 수호의 교두보로서의 '대구다움'의 또 하나의 표석을 남기게 되었다.

대구는 광복과 6 · 25 전쟁을 거치면서도 전란의 직접적인 피해를 입지 않은 도시이다. 종래의 섬유와 기계 업종을 중심으로 한 중소기업이 특별한 경기 호황에 힘입어 우리나라의 대표적인 공업 도시로 발전하게 되었다. 예를 들면, 본격적으로 산업화가 시작되기 직전인 1960년에 대구의 제조업 종사자의 비율이 전국에서 가장 높았는데, 이는 부산의 제조업 종사자의 비율보다 약 23%나 높았다. 이때부터 대구는 공업 도시, 특히 한국을 대표하는 '섬유 도시'의 명성을 얻게 되었다.

그림 3-4
대구국가산업단지 안내판
2014년 1월 23일 촬영

그러나 1970년대 이후 본격적인 고도성장기와 1980년대 후반의 구조전환기를 거치면서 수도권과 동남권 지역들과는 대조적으로 대구의 제조업은 침체의 늪을 벗어나지 못했다. 뿐만 아니라 서비스 산업조차 부가가치가 큰 생산자 서비스보다는 소비자 서비스 산업 중심의 매우 열악한 구조적 한계를 벗어나지 못하고 있다.

하지만 대구시와 대구 사람들은 이러한 한계를 극복하기 위하여 지속적으로 노력하여 왔다. 특히 본격적인 지방자치제의 실시와 참여정부 이후 지역의 경쟁력을 강화하기 위한 정책적 대응을 통하여 2010년대에 접어들면서 동북아의 지식기반산업도시로서의 전환을 위한 기반을 다져 가고 있다.

세계화 시대, 지식기반 시대에서 삶의 터전으로서의 가장 중요한 기능은 개방성과 다양성이다. 이를 위한 교두보는 '제대로 된 국제공항'이다. 따라서 신국제공항의 건설은 대구 사람이 '서울 · 수도권 바라기'에서 벗어나서 '대구와 대구 사람다움'의 긍지를 가지고 세계를 무대로 살아갈 수 있는 터전으로서의 주춧돌이라고 할 수 있다.

## 더 알아보기

1. 최근 젊은이들의 유출이 늘어나면서 대구의 인구가 지속적으로 감소하고 있다. 이러한 젊은 인재 유출에 대한 바람직한 대책은?
2. 대구는 달성군의 편입으로 낙동강 시대가 열렸다. 달성군의 기능과 바람직한 개발 방향을 알아보자.
3. 대구는 광복 이후 3대 도시로서 기능을 수행해 왔다. 이러한 기능을 회복하기 위한 바람직한 방향은?

# 역동적인 도시 구조

도시는 제조업과 서비스업을 중심으로 창출되는 많은 일자리 때문에 사람들이 모여든다. 대구는 섬유 공업과 상업을 기반으로 성장한 대도시이다. 대도시로 성장한 대구는 내부 구조가 매우 복잡해졌다. 도심에 집중해 있던 상업, 공업, 주거 기능 중 공업과 주거 기능이 주변 지역으로 확대되었다. 공장이 주택이나 상점으로, 단독 주택이 아파트로 개발되었다. 이 과정에서 대구 내부는 동성로의 상업 지역, 성서의 공업 지역, 수성구의 주거 지역 등으로 분화되었다. 이와 같이 도시 내부 구조가 분화되는 원인과 결과에 대해 살펴보고, 앞으로 펼쳐질 대구의 공간 구조 변화를 짐작해 보자.

## 달구벌대로와 도시철도가 도시 구조를 바꾸다

### 간선 교통망의 발달로 인한 접근성의 차이로 대구의 내부 구조가 분화됐다

동성로에서 반월당에 이르는 지역은 대구의 간선도로인 달구벌대로와 중앙로가 만나는 대구의 심장이다. 최근 도시철도 1·2호선 환승역이 생기면서 대구에서 가장 많은 사람이 왕래하는 곳이 됐다. 이곳은 백화점을 비롯한 고급 상점과 대기업 업무 기능이 입지하면서 토지 이용 밀도가 매우 높다. 이와 같이 교통이 발달하면 도시 내부의 상업, 공업, 주거 지역은 끊임없는 변화를 겪는다.

교통은 도시 각 지역의 접근성에 큰 영향을 준다. 접근성은 도시 주민의 교통 수요가 충족되는 정도이다. 교통이 편리한 도시의 중심은 접근성이 좋다. 도심은 간선도로의 중심으로 버스 경유 노선이 많고, 도시철도 환승역이 있기 때문이다.

대구의 교통망은 철도, 간선도로, 도시철도 순으로 확충됐다. 조선 후기에 대구는 경상감영을 중심으로 영남대로가 있는 남문 방면으로 도심부를 형성하였다. 1900년

그림 3-5 달구벌대로
2013년 12월 24일 촬영
사진의 아래쪽은 봉산육거리, 위쪽은 계산오거리 방향이다.

대 초에 경부선 철도 대구역이 북문 밖에 건설되면서 기존 남문 방면은 일시에 쇠퇴하고, 교동시장을 중심으로 하여 북동쪽으로 도시화가 급속하게 진행되었다. 읍성이 철거되면서 동성로, 북성로 등 순환도로가 생겨났고, 도시는 읍성 중심에서 성 밖으로 확장되었다.

1960년대에 버스를 중심으로 한 대중교통이 발달하면서 도심과 변두리를 잇는 남북 방향의 중앙로, 동서 방향의 국채보상로, 달구벌대로가 주요 간선도로로 확장되었다. 이 도로가 만나는 중앙네거리와 동성로를 중심으로 상업이 집적하였다. 1980년대에 자동차 보급이 늘면서 주요 간선도로는 외곽으로 확장됐고, 격자상의 도로망과 내부 순환도로가 확충됐다. 특히, 대구의 동서축인 달구벌대로는 남북보다 동서로 더 광역화된 대구 시가지의 혈맥 역할을 하고, 도로 양쪽으로 대규모 업무 · 상업 시설이 입지하였다. 이후 범어네거리의 업무 지역, 성서와 시지의 신시가지를 형성하는 데 결정적인 역할을 하였다. 또 신천대로와 앞산순환도로는 격자형의 대구 도로망에 숨통 역할을 하고 있다.

대구도시철도는 광역화된 대도시 지역을 연결해 주는 대동맥 역할을 한다. 1998년에 개통된 도시철도 1호선은 남서-북동 방향으로, 2005년에 개통된 2호선은 동서 방향으로 연결되어 있다. 한편, 현재 3호선이 북서-남동 방향으로 공사가 진행되고 있다. 1 · 2호선은 반월당에서, 2 · 3호선은 서문시장에서 만난다.

그림 3-6
**반월당 메트로센터**
2013년 12월 24일 촬영
대구도시철도 1호선(대곡역~안심역)과 2호선(문양역~영남대역)의 환승역인 반월당역은 유동 인구가 많아 상업 공간으로 개발되었다.

간선도로와 교외 지역이 교차하는 범어네거리, 두류네거리, 그리고 도시철도 환승역인 반월당에는 대규모 업무 · 상업 시설이 입지하였다. 간선도로와 도시철도의 양쪽 끝은 주거와 공업 기능이 확장되어, 성서 공단, 시지, 상인, 율하 등 대규모 택지가 개발됐다. 이처럼 교통망은 도시 내부 구조를 형성하고 변화시키는 결정적인 역할을 한다.

## 도시 기능이 서로 다른 동성로, 성서, 수성구

### 동성로는 상업, 성서는 공업, 수성구는 주거 중심 지역이다

도시는 상업, 공업, 주거 등의 핵심 기능이 한 장소에 모여 집적 경제를 형성하며 성장한다. 대구는 대도시로 성장하면서 이 세 가지의 기능 지역이 분리되었다. 동성로 일대의 상업 지역, 서대구 · 성서 공단의 공업 지역, 성서, 월배, 지산 · 범물, 시지, 율하, 칠곡 등의 주거 지역이 대표적인 사례 지역이다.

동성로, 성서, 수성 지역이 상업, 공업, 주거 기능으로 특화된 것은 교통 발달에 따라 접근성이 우수하기 때문이다. 접근성은 도시 활동의 분포, 즉 토지 이용에 직접적인 영향을 준다. 지가에 변동이 생기고, 한 장소를 두고 여러 활동 사이에 경쟁이 일어나게 된다. 비싼 지가를 감당할 수 있는 활동은 새로 들어서고 그렇지 못한 활동은 밀려나서, 한 장소의 토지 이용 형태는 달라진다.

대구의 도심은 동성로에서 반월당에 이르는 지역이다. 이곳은 대구의 중심에 위치하여 접근성이 좋으며, 지역 교통 네트워크의 핵심 지역이다. 따라서 유동인구가 많

그림 3-7
동성로 축제
2013년 5월 17일 촬영

아 토지에서 얻는 수익이 크기 때문에 지가도 높다. 동성로 인근 간선도로변에는 관공서, 금융회사, 백화점, 고급 상품 상점, 호텔, 영화관 등 업무 · 상업 기능 건물이 아주 빽빽하게 밀집되어 있다. 한편, 도심은 도시에서 가장 오래된 지역 중 하나이며, 최초 거주지이다. 이런 이유로 도심 골목 곳곳에는 근대문화유산이 많은데, 그에 따라 형성된 대구근대골목은 최근 대구를 대표하는 관광지로 떠올랐다. 또 동성로는 한정된 부지에 대한 극심한 경쟁으로 지가가 매우 높다. 도심의 주요 활동인 산업과 주거는 점차 도심에서 배제되었다.

서대구공단과 비산염색공단은 달구벌의 서북부 관문에 4개의 고속국도가 통과하는 교통 중심지에 있다. 이곳은 섬유, 기계 공업을 중심으로 대구 경제를 이끌어 온 동맥이다. 현재는 공단 전체가 낡고 협소해, 정비가 필요하다. 성서공단은 서대구공단에서 고속도로를 따라 남서쪽에 있다. 1980년대 제1차 단지 조성을 시작으로 제4차 단지까지 늘어났다. 초기에는 섬유, 기계 · 금속 업종의 공장 시설이 입주했으나, 최근 전자, 자동차 부품 등 첨단 업종이 주류를 이루고 있다. 이곳의 첨단기업들은 지역의 대학, 연구소 등과 연계해 융합 기술의 공동 연구 · 개발을 추진하면서 지역 산업의 새로운 성장 동력으로 부상하고 있다.

수성구는 대구의 대표 주거 지역이다. 이곳은 굴뚝산업이 없는 깨끗한 환경과 명품 교육 시설이 함께 어우러져 있어, 최적의 주거 여건을 자랑하고 있다. 수성구는 교육, 금융, 문화 인프라를 두루 갖추고 있어, 서울의 강남과 자주 비교된다. 특히 대구 교육 일번지로 입지를 다지고 있다. 또 대구월드컵경기장, 야구장 등의 레저 · 스포츠 시설, 대구박물관, 대구미술관, 수성아트피아 등의 문화시설 등이 속속 들어서면서 고품격 문화

그림 3-8 성서공단
2013년 11월 16일 촬영
달서구에 위치한 지방 산업단지로, 자동차 부품, 기계 · 금속, 전기 · 전자 등이 주력 업종이다.

그림 3-9 수성구 주택지
2013년 11월 17일 촬영
신천과 개발제한구역의 녹지를 바탕으로 한 쾌적한 환경 때문에 대규모 주택지로 개발되었다.

를 창조해 나가고 있다.

이와 같이 대구는 도심의 상업 · 업무 지역, 도심 주변의 공업 및 주거 지역으로 분화되어 있다. 도시 내부는 오래되고 쇠퇴한 상점, 공장, 주택들로 인한 물리적 문제, 저소득 가구의 높은 비율로 인한 사회적 문제 등이 있다. 도시 주변 지역은 자동차 교통과

도시철도의 발달로 인해 도시의 외연적 확장이 촉진되었다. 대규모 외연적 확장의 부정적 결과로 분절과 비효율성이 나타났다.

## 도시민, 도심을 떠나 신시가지로

주변 지역의 대규모 택지 개발로 도심 인구 공동화 현상이 나타났다.

대구의 인구 변화를 구별로 살펴보면, 도심과 그 주변 지역인 중구, 서구, 남구의 인구는 감소하고 수성구, 달서구, 북구, 동구의 인구는 증가하고 있다. 도심의 인구 감소는 교통의 발달, 제조업의 교외화 등으로 도시 주변 지역에 대규모로 주택 지역이 조성돼고, 도시 내부의 주민이 이동했기 때문이다. 또 대구 중심에 입지해 있던 학교가 교외로 이전하면서 중심 지역의 교육환경이 열악해지고 교외 지역의 그것은 좋아졌다.

도시 내부의 대표적인 주거 지역이던 중구 남산동, 서구 비산동 · 평리동, 남구 대명동, 동구 신암동 등이 낡은 단독주택 위주의 열악한 주거환경으로 인해, 그 인구가 감소하고 있다. 이로써 도심 인구 공동화가 가속화되었다. 도시 주변 주택 지역인 수성구의 지산 · 범물 지구, 시지 지구, 달서구의 대곡 · 상인 · 월배 지구, 성서 지구, 북구의 칠곡 지구, 동구의 율하 지구 등에 대규모 아파트 단지로 조성되어 그 인구가 급증했다.

2010년을 기준으로 아파트 비율을 보면, 달서구, 북구, 수성구 순으로 높다. 아파트 비율이 높은 구와 낮은 구의 수치 차이가 크다. 아파트 비율이 가장 높은 동은 달서구 월성동, 도원동, 상인동, 이곡동, 장기동, 수성구 황금동, 범물동, 고산동, 북구 복현동이다. 아파트 비율이 높은 동들은 대부분 도시 외곽 지역이다.

대구 교외 주거 지역의 성장은 소매 패턴의 변화를 가져왔다. 교외 주민들이 도심으로 장거리 이동을 하지 않게 되면서 도심의 상권이 정체되었다. 쇼핑몰은 복잡한 도심을 피해 지가가 저렴하고 교통이 편리한 교외에 입지하고 있다. 대규모 복합 쇼핑몰의 최적 입지는 고속도로와 순환도로가 만나는 인터체인지이다. 동구 봉무동 이시아폴리스, 율하동 롯데몰, 성서 모다아울렛 등이 대표적인 사례이다. 백화점도 기존 도심 지역이 아닌 수성구 범물동, 달서구 상인동, 북구 칠곡에 많이 입점하였다.

한편, 공장과 물류 시설도 넓은 공간, 저렴한 지가, 트럭의 좋은 접근성 때문에 교외로 이동했다. 교외 지역의 입지는 주요 고속도로의 접근성이 용이하고 도심의 교통 체증이 적기 때문에 트럭의 접근이 쉽고, 이를 통한 산업 활동이 용이하다. 달서구 성서산업단

그림 3-10 중구 국채보상로 전경
2014년 4월 1일 촬영
국채보상로 양쪽으로 업무용 빌딩, 백화점, 호텔 등이 들어서 있다.

그림 3-11 달서구 월배 · 상인 · 월성 택지 개발 지역
2013년 11월 16일 촬영
대형 건설업체의 아파트 건설에 따른 인구 유입으로, 달서구는 전국에서 두 번째로 큰 자치구가 되었다.

지, 달성군 논공 · 구지의 산업단지 등이 대표적인 지역이다.

대구의 도시 기능이 도심 공동화와 교외화를 겪으면서 도시 중심과 주변 지역의 경제적 격차와 사회적 계층 분리가 나타났다. 최근 대구는 도심의 경쟁력을 확보하기 위한 도심 재활성화 사업을 추진하고 있다. 도심과 주변 지역의 균형과 경쟁이 대구의 경쟁력과 삶의 질을 좌우할 것이다.

## 범어네거리와 죽전네거리는 도심의 기능을 분담한다

대구는 부도심의 성장으로 단핵 도시에서 다핵 도시로 변하고 있다

달구벌대로와 동대구로가 만나는 곳에 범어네거리가 있다. 이곳 지하에 도시철도 2호선 범어역이 있다. 대구에서 동성로와 반월당 일대 다음으로 교통이 편리하고 접근성이 좋은 곳이다. 그래서 지대와 지가도 높다. 업무 · 상업 기능을 담당하는 건물도 많이 입지하고 있다. 범어네거리는 도심의 기능을 분담하는 부도심으로 성장하고 있다. 대구가 하나의 핵을 가진 도시에서 여러 개의 핵을 가진 도시로 바뀌고 있는 것이다.

범어네거리에서 동대구역에 이르는 지역은 관공서, 사무실, 상점 등이 밀집해 있다. 대구지방법원, 변호사 사무실, 방송국, 금융 · 보험 회사, 호텔, 웨딩홀, 상공회의소, 벤처 기업 사무실 등이 대표적이다. 이 지역은 도심의 기능 중 업무 기능을 분담하는 부도심 역할을 한다. 앞으로 동대구역에 철도와 고속버스의 광역복합환승센터가 건설되고 상업, 숙박, 컨벤션 시설이 입지하면, 이 지역의 비즈니스 서비스 업무 기능은 더욱 강화될 것이다.

대구의 동쪽에 범어네거리가 있다면, 서쪽에는 죽전네거리가 있다. 죽전네거리에서 두류네거리에 이르는 지역도 달구벌대로와 내부 순환도로가 만나고, 이곳에 도시철도역이 있다. 이곳에는 도심이나 범어네거리 일대에 비하면 규모는 작지만, 법원, 웨딩홀, 금융 회사, 복합 쇼핑몰 등이 입지하고 있다. 그 밖에 상인, 칠곡, 범물 등 각 생활권의 중심지에도 백화점을 중심으로 도심 기능의 일부가 입지하고 있다. 앞으로 달성군 테크노폴리스와 동구 혁신도시 등이 개발되면, 대구는 다핵의 공간 구조를 지닌 도시가 될 것이다.

한편, 범어네거리는 수성구의, 죽전네거리는 달서구의 대규모 인구 밀집 지역을 끼고 있다. 따라서 도심에 비해 업무 · 상업 기능의 비중이 낮다. 범어네거리 일대에는 업무 기능 건물은 많이 입지하였으나, 백화점과 같은 상업 기능 건물은 도심에 비해 적다. 죽전네거리 일대는 업무 · 상업 기능 건물의 규모가 모두 범어네거리의 그것에 비해 작다. 대신 이 두 지역은 접근성이 좋은 간선도로를 따라 상업과 주거 기능이 한곳에 있는 주

그림 3-12 범어네거리
2014년 1월 3일 촬영

상복합건물이 눈에 띈다. 또 도심에 비해 병원, 약국, 학원, 은행 등, 주민들이 일상적으로 이용하는 근린 생활시설이 많다.

범어네거리와 죽전네거리는 도심의 업무 · 상업 기능을 완전히 보완한다고 보기는 어렵다. 대구의 도시 규모가 여러 개의 부도심이 형성될 정도가 아닌 탓이다. 서울은 도시 규모가 커, 강남, 영등포, 동대문 등 여러 개의 부도심이 존재한다. 대구에는 부도심은 아니지만, 범어네거리와 죽전네거리가 도심의 일부 기능을 분담하면서, 도심의 과밀화가 해소되고 있다. 이것은 대구의 도시 구조가 도심을 중심으로 한 단핵 도시에서 부도심을 포함한 다핵 도시로 변하고 있음을 보여 준다.

## 더 알아보기

1. 도시철도 3호선이 개통되면 도시 내부 구조는 어떻게 변하는지 알아보자.
2. 도시 내부 구조 분화로 나타난 문제점을 해결하기 위한 대책을 제시해 보자.
3. 다핵도시로 성장하는 과정에서 나타난 대구 도심의 변화상을 조사해 보자.

# 대구에서 2% 부족한 것과 그것의 개선 노력

급속한 산업화와 그에 따르는 도시의 급성장은 많은 도시 문제를 가져온다. 도시 성장의 초창기에 만들어진 지역들이 슬럼화되고 있으며, 도심의 교통 혼잡 문제가 날로 심해지고 있다. 수성구는 교육을 비롯한 다양한 기능이 집중되어 빗장도시화되고 있고, 물과 관련한 크고 작은 문제로 인해 대구 시민들의 불안감은 높아져 가고 있다. 이러한 도시 문제들은 대구의 발전에 어떤 영향을 미치고 있으며, 이를 해결하기 위해 대구시에서는 어떤 노력을 기울이고 있는지 알아보자.

## 낙후된 도심을 다시 살리는 도시 재생

대구는 낙후된 도심 지역의 경쟁력을 높이기 위해 도시 재생을 진행하고 있다

최근 대구 도심의 스카이라인이 부쩍 높아지고 있다. 고층 아파트가 속속 들어서고 있으며 새로운 백화점과 쇼핑몰이 여기저기에 솟아오르고 있다. 하지만 고층 아파트와 백화점 뒤를 살짝 비껴 보면, 도심의 찬란한 불빛과는 대조되는 칙칙한 색깔에 때 묻고 낡은 건물들이 자리하고 있다.

도시가 만들어지고 인구가 증가하면서 도시는 성장을 하게 된다. 이 과정에서 도심과 그 주변 지역은 점차 낙후된다. 이들 지역은 초창기에는 도시의 성장 동력이었지만, 세월이 지나면서 경쟁력을 잃고 도시의 발전을 저해하는 지역이 된 것이다.

최근 대구뿐만 아니라 우리나라와 세계 여러 도시들에서 경쟁력 강화를 위해 애쓰고 있다. 이와 관련해 떠오르고 있는 가장 큰 화두가 바로 '도시 재생'이다. 도시 재생은 도시의 경쟁력을 높이고 도시를 살아 있는 공간으로 재탄생시키기 위해 낙후된 도심과 주변 지역을 재개발하는 것을 말한다. 글로벌 경쟁의 패러다임이 국가 간 경쟁에서 도시

그림 3-13 **대구 도심 활성화 기본 구상(2010년도)**
출처: 대구광역시청 제공

간 경쟁으로 급변함에 따라, 이에 대응하기 위해 대구의 도시 경쟁력을 높일 필요성이 커졌다.

그렇지만 지금까지 대구의 도심 개발에 대한 관심은 아파트 짓기에만 쏠려 있다. 최근에는 주상복합형 아파트 단지가 도심부에도 들어서고 있는 실정이다. 용적률을 높여 주상복합으로 아파트를 짓는 것이 가장 경제적이라는 판단 때문이다. 하지만 지식 기반 서비스업과 같이 도시의 경쟁력을 높일 수 있는 기능이 자리 잡지 못하면, 대구는 결국 도태되고 말 것이다.

2010년, 대구시는 '도심 활성화 기본 구상'을 발표하였다. '도시 재생'이라는 시대적 화두에 답하고 기존의 도시 재개발 사업의 문제점에 대한 대안을 제시하기 위해서다. 이 기본 구상에서는 국채보상로와 중앙로가 만나는 중앙네거리를 중심으로 도심을 4개 공간으로 나누었다. 중앙네거리의 북서쪽은 역사 · 문화 체험 공간, 북동쪽은 도심 상업 활성화 공간, 남서쪽은 도심 가로 재창조 공간, 남동쪽은 도심 엔터테인먼트 창출 공간이다. 도심 활성화 기본 구상의 핵심은 지역 특성에 맞는 도심 재창조를 하기 위해서 주제별로 공간 배치를 하는 것이다.

도심 활성화 기본 구상이 계획대로 실현되면, 지금의 고층 아파트 중심의, 부가가치를 창출하기 힘든 도심의 모습이 획기적으로 바뀔 수 있다. 최근 북서쪽의 역사 · 문화 체험 공간이 근대골목투어와 결합하여 대구를 빛낼 수 있는 관광자원으로 성장하고 있는 것이 그 예다. 앞으로 대구의 도시 재생도 세계의 여러 도시의 사례를 어떻게 벤치마킹하고, 이를 토대로 대구의 문화 · 역사적 자산을 더해 대구만의 특징을 가진 삶의 공간을 창출해 내느냐가 그 성패를 좌우할 것이다.

## 대구의 교통 체증, 순환으로 풀다

대구는 방사상 도로망에 외곽의 순환도로를 갖춘 도로 교통의 모범 도시로 진화하고 있다

출퇴근 시간에 달구벌대로를 통과해 본 적이 있는가? 평소에 10분이면 통과할 수 있는 도심의 거리에 30분이 넘게 서 있다 보면, 초조함과 피곤이 저절로 밀려온다. 도심뿐만 아니라 앞산순환도로나 신천대로같이 교통 흐름의 원활화를 위해 만들어진 자동차 전용도로에서도 교통 체증은 피할 수 없다.

도시가 점점 커지고 주거지가 외곽으로 이전함에 따라 직장과 주거지는 멀어져 간다. 이에 따라 도시에서는 필연적으로 출퇴근 시간에 교통 체증이 발생한다. 대구도 예외가 아니어서, 도심을 통과하는 달구벌대로에서 출퇴근 시간에 일어나는 교통 체증이 갈수록 심해지고 있다. 대구의 도로는 교통 흐름에 유리한 방사상을 띠고 있지만, 도심을 지나는 교통량이 다른 교통 체계의 그것에 비해 상대적으로 많아지는 단점이 있다. 이러한 사실도 대구 도심의 교통 체증에 한몫하고 있다.

도시를 사람에 비유한다면, 도로는 몸 곳곳에 분포되어 있는 핏줄과 같다. 혈관이 막히거나 흐름이 원활하지 않으면 신체에 이상이 생기는 것처럼, 도로 교통의 흐름이 원활하지

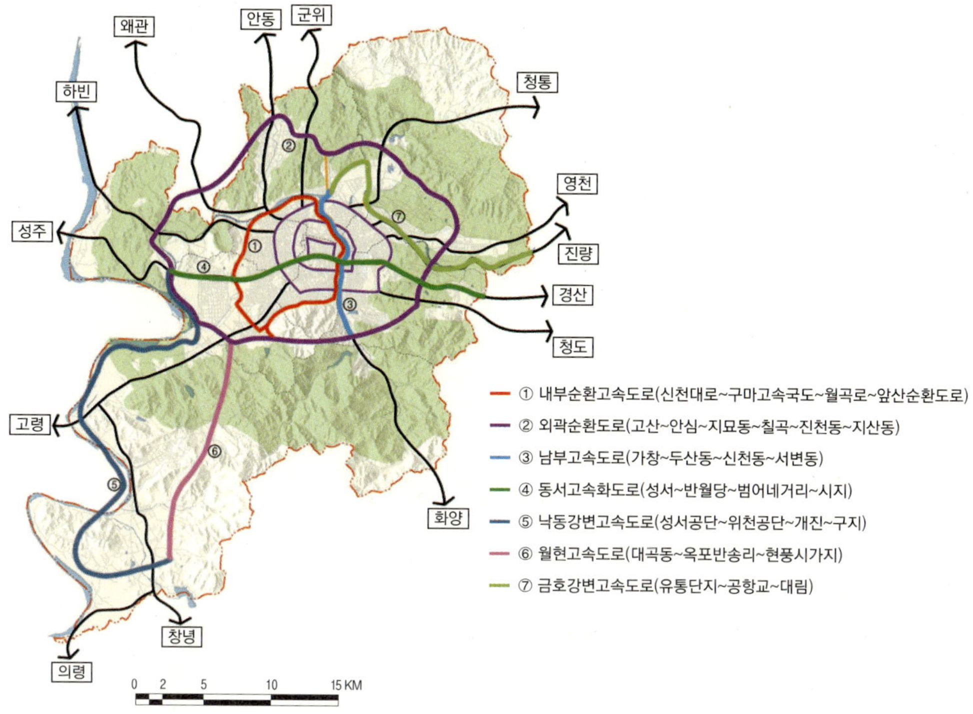


그림 3-14 대구시 광역 교통망 구상

않으면 도시의 소통에 문제가 생긴다. 이 때문에 전국의 지방자치단체들이 교통 인프라를 구축하고, 또 이를 관리하는 데 많은 비용과 인력을 투입한다. 도로는 도시 발전과도 그 궤를 같이한다. 경제가 발전할수록 물자와 사람의 이동이 많아지기 때문이다.

대구도 도심 교통 체증을 완화하기 위해 도시 외곽을 연결하는 제4차 순환도로를 건설하고 있다. 최근 개통된 앞산터널로는 제4차 순환도로의 일부로 상인과 범물 지역을 연결한다. 이는 기존의 앞산순환도로와 도시를 동서로 관통하는 도로의 교통 체증에 대한 해결책으로 건설된 도로다. 대구시는 2019년까지 링(Ring) 모양의 제4차 순환도로를 모두 완성할 계획이다. 여기에 좀 더 편리한 대중 교통 체제가 맞물린다면 대구의 교통 체증은 많이 완화될 것이다.

대구의 공간 구조가 변화함에 따라 교통 체증이 완화되고 있는 부분도 있다. 과거에 도심 가까이에 입지한 학교에서 통학을 위한 교통량이 많아 정체되었던 곳들은 학교와 주거지가 외곽으로 이전함에 따라 그 체증이 점차 해소되고 있다. 성서 공단을 비롯하여 도시 곳곳에 위치하던 공단과 주거지 간에 발생했던 교통 체증도 새롭게 조성된 산업단지에 대규모의 주거지가 같이 입지함에 따라 완화되고 있다.

대구의 교통 인프라 투자와 공간 구조의 변화는 교통 체증의 완화뿐만 아니라 지역 경제 활성화와도 접점이 있다. 달성산업단지, 성서산업단지 등 대구의 주요 산업단지들은 시내와 떨어진 외곽지에 자리 잡고 있다. 또 현재 조성되고 있는 대구테크노폴리스와 대구사이언스파크 등 대규모 개발 사업 지역도 대구 외곽에 위치해 있다. 외곽의 산업단지와 연계한 도로 건설은 물자와 사람의 수송을 원활하게 하고, 입주 업체의 경쟁력을 강화시킨다. 이는 새로운 일자리의 창출로 이어지고, 도심의 근로자들은 연계 도로를 통해 편리한 출 · 퇴근을 할 수 있게 될 것이다.

대구의 교통 인프라 구축은 현재진행형이다. 장기적인 안목과 계획을 바탕으로 한 교통망 구축이 이뤄진다면 대구는 도로 교통의 모범 도시로 거듭날 수 있다.

## 강남이 되고 싶은 수성구, 바람직한 바람일까?

### 대구의 수성구는 교육을 비롯한 다양한 기능의 집중으로 빗장도시화되었다

서울에 강남이 있다면, 대구에는 수성구가 있다. 수성구는 서울의 강남과 비교되곤 한다. 대구 수성구가 교육과 교통, 금융, 문화 인프라가 두루 갖추어져 있어, 생활과 교육의 환경이 좋기 때문이다. 특히 수성구는 넘치는 학원가를 바탕으로 교육 일번지로서 입지를 다지고 있다. 또 달구벌대로를 비롯한 교통망이 잘 되어 있어 시내 접근성이 뛰어나고, 경부고속도로, 신대구부산고속도로도 손쉽게 이용할 수 있다. 또 수성구는 대구 · 경북 경제자유구역에 교육 · 의료 지구로 포함됨에 따라 교육, 의료, 문화 등 고급 서비스 산업의 발달도 기대되고 있다. 대구 시민이라면 누구나 한 번쯤은 살고 싶어 하는 곳, 그곳이 수성구다.

수성구가 사람들을 끌어들이는 매력은 결국 교육에 있다. 2011년에 어느 기관에서 전국 학부모 5천여 명을 대상으로 실시한 '교육행복지수' 조사에서 수성구가 전국 1위를 차지했다. 이 조사에서 서울 강남구는 2위, 대전 유성구는 3위를 차지했다. 수성구에는 대구의 유명 고등학교인 경신고, 대륜고, 정화여고, 경북고, 대구여고 등이 있고, 대구 8개 구 · 군 전체 사교육 시장의 40% 이상을 차지하는 많은 학원이 있다.

자식들이 자신보다 더 나은 삶을 살기를 바라지 않는 부모가 어디에 있겠는가? 수성구에 집중된 교육 인프라는 수성구로의 전입을 과열시키는 결과를 낳았다. 수성구청

그림 3-15 대구 수성구의 경신고등학교 앞 학원가
2013년 11월 23일 촬영

과 교육청은 해마다 수성구로의 위장 전입을 가려내기 위해 합동단속반을 가동할 정도다.

수요가 공급보다 많으면 시장 가격이 상승하게 된다. 수성구로의 전입 수요가 많아질수록 수성구로 진입하기 위한 비용이 더 커지게 되는 것이다. 이로 인해 수성구는 다른 지역보다 월등히 높은 집값이 형성되고 이는 자연히 진입 장벽이 되었다. 이는 이 장벽을 넘지 못하는 사람들을 원천 봉쇄하게 되었다. 소득, 지위, 교육 수준으로 이루어진 진입 장벽으로 인해 거주지 분리 현상이 심화되고 있다.

수성구와 비수성구 간의 격차가 심화되면 지역 간 갈등으로 번질 수 있다. 장기적으로 볼 때, 이는 대구시의 발전을 저해하는 요소가 된다. 따라서 우선적으로 이를 해결하여야 한다. 이를 위해서는 비수성구 지역에 교육 인프라를 보충하고 사람들을 유인할 수 있는 다양한 기반 시설을 입지시켜 인구 유출을 막아야 할 것이다. 최근 상인네거리를 중심으로 한 달서구 지역에 교육 인프라가 구축되고 기반 시설이 갖추어지자, 이 지역이 수성구의 대안 지역으로 떠오르고 있기도 하다. 무엇보다도 장기적인 안목으로 도시 전체를 균형 있게 개발하기 위해 대구시가 나서서 정책적 지원을 적극적으로 해야 한다.

## 깨끗한 물의 도시로 다시 태어날 대구

대구시는 새로운 취수원의 확보와 하천 복원 사업을 통해 물의 도시로 다시 태어날 것이다

1991년, 구미산업단지에서 유출된 유해물질인 페놀이 낙동강으로 흘러들어가는 일이 일어났다. 이로써 발생한 페놀 오염 사태는 대구 사람들에게 큰 충격을 안겨 주었다. 그 충격이 잊힐 때쯤인 2009년에는 다이옥산 사고가 발생해, 대구 시민들은 물에 대한 불안감으로 시달려야 했다. 최근 4대강 사업 이후에는 녹조 현상이 나타나기도 하는 등으로 인해, 물에 대한 불안감은 심각해져 불신으로 바뀌고 있는 실정이다.

깨끗한 물을 확보하는 것은 건강권 차원의 절박한 문제이다. 이 때문에 대구시는 안전하고 항구적인 물 공급 대책의 일환으로 낙동강 상류로 취수장을 이전하는 것을 계획하고 있다. 대구에서 가장 많은 원수를 취수하고 있는 낙동강은 오랫동안 생활용수와 공업용수를 공급해 온, 대구 시민의 젖줄이다. 하지만 낙동강 중상류에는 구미 공단을 비롯한 대규모 산업단지가 입지해 있어서 언제든지 또 다시 수질 오염 사고가 발생할 위험이 도사리고 있다.

하지만 취수장 이전 사업이 시민들이 깨끗한 물을 먹을 수 있게 하는 근본적 해결책이 되지는 못한다. 낙동강에는 이미 수많은 오염원들이 인접해 있고, 앞으로도 더욱 확대될 가능성이 높다. 취수원을 상류로 이전한다고 해서 오염원을 완전히 차단할 수는 없다는 것이다. 오염원 차단을 위한 중 · 저류 시설을 마련하지 못하는 낙동강 인근의 공장들에 시설 투자를 하고, 여기저기서 흘러들어오는 오염 물질을 차단하기 위해 꾸준히 노력해야 한다.

취수원 확보와는 별개로, 복개됐거나 심한 오염으로 기능을 상실한 도심 속 하천을 복원하는 일도 장기적인 물 자원 확보와 생활환경 개선을 위해 반드시 필요한 일이다. 이를 위해 대구시는 달서천의 대구서부소방서 부근을 비롯한 도심 하천에서 생태 복원 사업을 진행하고 있다. 콘크리트 등, 환경을 해치는 시설물을 배제하고 어류나 동물의 이동 통로나 산란 공간을 확보하는 등 장기적인 관점에서 하천을 복원하는 데 중점을 두고 있다. 하천의 복원으로 도시 미관이 달라질 것이고, 환경 개선의 효과도 분명 얻을 수 있을 것이다. 또한 깨끗한 물을 보고 그 가까이서 즐길 수 있게 되면 시민들의 심성이 달라지고, 도시 문화가 달라질 수도 있을 것이다.

대구에는 낙동강과 금호강, 신천 등, 크고 작은 강들이 흐르고 있다. 이런 천혜의 환경

그림 3-16
매곡 정수장, 그리고 대구시에서 판매하는 수돗물, '달구벌 맑은물'
2013년 5월 24일 촬영

을 바탕으로 깨끗하고 다양한 취수원을 확보하고 도심의 하천을 성공적으로 복원한다면, 대구는 세계적인 물의 도시로 다시 태어날 수 있을 것이다.

## 더 알아보기

1. 대구시 도심 활성화 프로젝트의 구역별 구체적 실천 방안을 조사해 보자.
2. 교육 이외에 수성구와 비수성구 간의 격차를 심화시키는 요인들을 찾아 정리해 보자.
3. 취수원을 확보하기 위해서 대구시가 세운 장기적인 방안에는 어떤 것들이 있는지 알아보자.

제4장

# 진화하는 대구 경제

대구 생산 활동의 토대

섬유에서 메카트로닉스로

상업에서 지식기반서비스로

그림 4-1 대구테크노파크의 대구경북과학기술원 전경
2013년 12월 25일 촬영

땅이 기름진 곳이 제일이고, 배와 수레와 사람과 물자가 모여들어서, 있는 것과 없는 것을 서로 바꿀 수 있는 곳이 그 다음이다. … 물자를 옮기는 데 있어서 말이 수레보다 못하고, 수레는 배보다 못하다.

土沃爲上舟車人物都會可以貿遷有無者次之 … 貿遷交易之道馬不如車車不如船

–『택리지』(이중환 저 · 이익성 역) 중에서

대구는 활기찬 신성장 동력을 창출하여 글로벌 지식경제도시로 거듭나고 있다. 국가과학산업단지, 첨단의료복합단지, 테크노폴리스에 국내외 우량기업을 유치하고 있다. 또 기계 · 자동차 부품 · 섬유 등 지역 주력 산업의 구조 고도화를 통해 고부가가치화를 실현하고, 첨단의료 · 로봇 · IT융복합 · 에너지 등 미래 성장 동력 산업 기반을 강화하여 경쟁력을 더욱 높여야 한다.

# 대구 생산 활동의 토대

대구는 역동적인 생산 활동의 중심지이다. 생산 활동의 밑거름은 중심 도시와 배후 지역을 연결하는 혈맥이 필요하다. 조선시대에 발달한 낙동강 수운과 영남대로의 네트워크를 통해 대구는 영남지역의 대표적인 상품 유통 및 산업 생산의 중심지로 성장했다.

## 낙동강 수운과 영남대로

물자 유통 네트워크의 중심에서 상업이 발달하다

철도가 개통되기 전까지 최고의 운송 수단은 바로 하천을 이용한 나룻배였다. 비록 자연환경의 제약을 많이 받았지만, 물길을 이용한 수송은 매우 효율적인 수단으로 국가적으로나 지역적으로 매우 중요하게 이용되었다. 낙동강은 한강과 함께 조선시대를 대표하는 물길이었다. 특히 낙동강과 한강을 연결하는 중심에 바로 대구가 있었다.

본류 길이가 약 500km인 낙동강이 모두 물길로 이용된 것은 아니다. 배가 다닐 수 있는 길은 평소 수위를 유지할 때, 하구에서 250km 정도인 상주 낙동까지, 물이 불어났을 때는 340km로 안동까지였다. 그러나 강이 마르거나 어는 경우에 안정적인 수송을 하기가 어려웠다.

낙동강의 수운은 조선시대의 조세 운송에 큰 역할을 하였다. 당시 선조들은 낙동강 하류의 조세를 상주까지 옮겨서, 다시 육로로 새재를 넘고 충주를 거쳐 남한강을 통해 한양에 납입하였다. 조세뿐만 아니라 많은 다양한 물품의 수송이 수운으로 이루어졌다. 1900년 무렵에 낙동강을 통해 오간 화물은, 상류에서 쌀, 콩 등 농산물이 내려갔으며, 하류에서 소금, 명태 등 수산물이 올라갔다. 또 부산항으로 들어오는 외국 상품을 낙동강 수운을 통해 상류 지역까지 공급했다. 낙동강 연안의 집산지는 대구가 그 중심이었

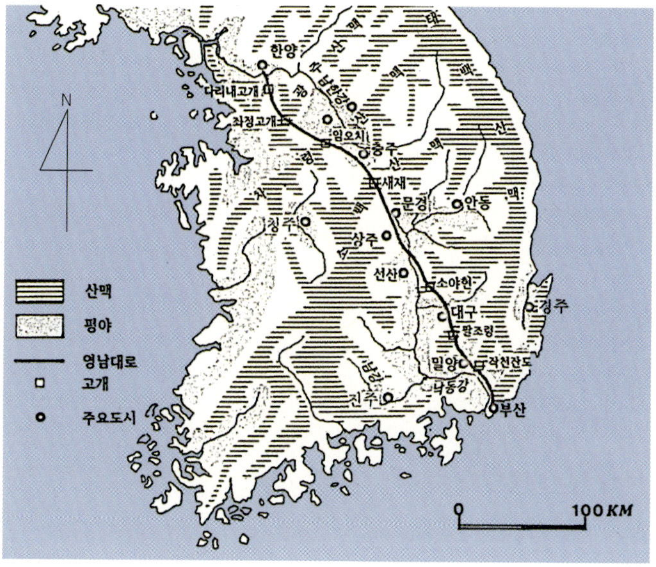


그림 4-2
영남대로
출처: 한국향토문화전자대전
(http://www.grandculture.net)

고, 상류의 그것은 성주, 상주, 안동 등이었으며, 하류의 그것은 창녕, 진주, 김해 등이었다.

대구는 사문진(沙門津)에서 12km 정도 떨어져 위치하여 있어, 낙동강 운송 네트워크의 중심에 있었다. 달성군 화원읍에 위치한 사문진은 당시 고령군으로 건너가는 큰 나루였다. 강가에 모래가 많고, 배로 물건을 싣고 오가는 관문이라 하여, 이 나루를 사람들은 '사문'이라고 불렀다. 사문진을 통해 대구의 상품은 경상도는 물론 전라도와 충청도, 강원도까지 거래되었다. 당시 대구에 집산된 물자들 가운데 2/5는 시장에서 소비되었고, 나머지 3/5은 낙동강 물길을 통해 각지로 공급되어 소비되었다.

당시 낙동강의 포구를 끼고 있는 대구는 자연스럽게 새로운 상업의 중심지로 떠올랐다. 낙동강 포구를 중심으로 장시가 성장하였고, 대구가 세곡이나 소작료를 운송하는 기지의 역할을 했다. 뿐만 아니라, 낙동강 포구를 거점으로 상품의 매매를 중계하고 부수적으로 운송, 보관, 숙박, 금융 등의 영업을 하는 객주, 여각 등의 서비스 활동이 활발하게 전개되었다.

한편, 조선시대에 대구는 영남과 한양을 연결하는, 380km에 이르는 간선도로인 영남대로의 중심에 있었다. 영남대로는 동래에서 밀양, 대구, 상주, 문경(새재), 충주, 한양을 연결하고, 낙동강과 한강을 잇는 수운과도 네트워크를 이루었다. 도로의 폭은 넓은 곳이 10m, 좁은 곳이 3m 정도로 대부분 수레와 사인교가 지나갈 수 있었으나, 고개

그림 4-3 낙동강과 화원 사문진
2013년 11월 16일 촬영
고령군 다사읍에서 대구광역시 방향으로 바라본 경관으로, 낙동강, 화원유원지, 월배 택지개발지역, 앞산이 차례로 보인다.

를 넘는 문경에는 벼랑길도 있었다. 이 길을 통해 과거길의 선비부터 등짐을 멘 장꾼들의 이동, 파발과 공문서의 수발, 세금과 조공품의 운반도 모두 이 길을 통해 이루어졌다. 대구는 영남대로를 통한 물자 유통의 중심지가 되어, 지역사회 발전에 유리한 위치를 차지하게 된다.

이후에 경부선 철도가 부설되자, 낙동강과 영남대로에 의한 물자 수송이 철도 수송으로 옮겨 갔다. 이로써 낙동강 물길과 영남대로는 물류 기능을 상실하게 되어, 사람들의 기억 저편으로 멀어져 갔다.

## 대구향시(大邱鄕市)

### 대구는 조선시대부터 상품 유통의 중심으로 발달한 상업 도시다

대구는 서울, 평양, 전주 등과 함께, 조선 후기에 가장 번화한 상업 도시 중 하나였다. 당시 대구는 3대 향시(대구, 전주, 평양) 중 하나로 손꼽힐 정도였다. 뿐만 아니라 대구 약령시는 약령시 중에서 규모나 명성에서 다른 곳을 압도했다. 대구가 우리나라 상품

그림 4-4
1890년대 서문시장 전경
출처: 『사진으로 보는 구한말』(매일관광문화사)

유통의 중심지 중 하나가 된 이유는 무엇일까?

대구는 영남의 중심부에 위치하여 넓은 배후 지역을 가지고 있다. 그래서 예로부터 낙동강 유역의 비옥한 평야에서 생산된 풍부한 농산물을 교환하기 위해 많은 행상들이 모여들었다. 또 대구는 인근 지역 농민들의 생활용품을 생산하고 공급하는 역할을 하기도 하였다. 즉 많은 수공업자들이 대구를 중심으로 밀집해 있었다.

영남대로와 낙동강 수운은 대구의 중심지 기능을 더욱 발달시켰다. 조선의 중요한 간선도로였던 영남대로는 대구 중심을 관통하였고, 금호강 유역 평야지대인 경산, 영천 지역에서 낙동강에 이르는 육로와 잘 연결되었다. 또 대구 인근의 사문진은 낙동강 수운의 중심에 있었다. 낙동강은 화물을 실은 배가 내륙 깊숙이 도달할 수 있는데, 이곳을 통해 대구는 남해안 및 일본의 상품과 영남 내륙 및 한강 유역의 상품이 교환되는 물류 거점의 지위를 갖게 된다.

대구의 유리한 교통 조건은 군사와 행정 기능이 입지하는 데 영향을 준다. 1601년에 경상감영이 입지하게 되자, 대구는 조선 후기에 상업 활동이 더욱 활발해졌다. 감영이 들어서는 곳은 인구의 집중과 재화의 유통·집적을 유발한다. 조선시대에 관찰사는 직무 수행과 관련되는 다양한 분야의 전문가와 상공인이 필요했고, 이와 관련하여 많은 인구와 재화가 감영 일대에 집중되었다. 그중에서도 특히 중앙정부의 각종 경비와 물품을 조달하기 위한 조세를 걷는 과정에서 주재 지역이 상업 중심지로 발전하게 되었다. 조선시대 주요 도회 및 장시가 거의 감영의 주재지였다는 사실은 우연한 일이 아니다.

대구에 다양한 기능이 집중되자 농촌에서 많은 사람들이 이주해 왔다. 인구가 집중되는 과정에서 상공업에 대한 수요는 더 커졌다. 서문시장을 중심으로 주변에 크고 작은 향시가 개설되었고, 이렇게 하여 형성된 대구 향시권은 성주, 영천, 안동 등의 향시권과도 빈번하게 교류하였다.

이처럼 대구는 조선시대부터 상업의 중심지로 지속적으로 발달해 왔다. 오늘날에도 상업이 대구지역의 중심 산업이다. 광복 이후 산업화시기에 국내 섬유 산업의 발달과 더불어 대구의 섬유 관련 도매업은 전국 최고였다. 비록 고속도로와 고속철도의 개통으로 상권이 서울로 집중되면서 지역 상권이 위축되었지만, 여전히 대구는 영남 지방의 상품 유통 중심지로서의 지위를 유지하고 있다.

## 사통팔달의 교통망

영남지역의 내륙 중심에 위치한 대구는 사통팔달의 교통망을 갖췄다

교통망은 사람과 물자의 이동은 물론 정보와 문화의 중요한 이동로로 매우 중요한 가치가 있다. 대구는 육상 교통망의 허브에 위치하여 물자와 정보의 교류가 활발하며, 큰 시장이 형성되고 많은 사람이 모여 역동적인 공간으로 발전하였다. 대구가 교통망을 갖춰 온 발자취를 되짚어 보자.

육상 교통에서 대구는 조선시대에 들어와 영남대로를 중심으로 간선교통망이 구축된다. 그러나 조령을 넘어 한강으로 향하던 고갯길이 조선 후기에 추풍령으로 이동한다. 추풍령(200m)이 조령(600m)에 비해 높이가 낮아 수레 교통이 가능하고 충청도와 연결된다는 이점이 있었다. 그 결과, 영남 북부의 상주나 안동이 간선교통에서 배제되고 영남지역에서 대구가 육상 교통의 중심으로 떠오르게 된다. 이 시기에 김천이 상업 도시로 성장한 이유도 추풍령 바로 아래에 있다는 이점 때문이다.

일제강점기 대륙 침략을 위해 우리나라 남북을 연결한 철도의 부설은 대구의 육상 교통 발달에 중요한 역할을 했다. 1905년 개통된 경부선은 한강-낙동강 수로의 좌측 배후지를 잠식하고, 또 일제는 경부선을 주축으로 하여 동서횡단철도를 잇달아 건설하면서 내륙 수로는 기능을 상실하고 말았다. 예를 들어, 낙동강 상류 지역, 특히 상주는 경부선이 개통됨으로써 한강 상류지역과의 교환 관계를 상실하게 되었고, 대구와 김천은 철도역을 중심으로 물류 기능이 강화되었다.

고속도로는 철도와 함께 육상 교통을 이끌고 있는 교통수단인데, 자동차의 보급으로 많은 고속도로가 확충되었다. 자동차는 철도에 비해 단거리 수송에 유리하고, 문전 연결성이 뛰어나 많은 여객과 화물을 수송하면서 육상 교통의 새로운 강자로 부상했다. 특히 대구는 경부고속도로, 중앙고속도로, 중부내륙고속도로 등 많은 고속도로가 한데

그림 4-5 금호 분기점
2014년 2월 2일 촬영
동서 방향의 경부고속도로와 남북 방향의 중앙고속도로가 교차하고 있다.

모이는, 도로 교통의 허브가 되었다. 이 밖에 많은 국도가 대구를 중심으로 사방으로 개통되어 있어, 광역 도로 교통은 매우 편리하다. 이로써 대구에서 전국으로 가는 접근성은 물론, 영남지역 내의 교통 조건도 크게 향상되었다.

2004년에 개통된 고속철도는 대구의 육상 교통망에 날개를 달아, 영남지역과 수도권 및 충청권 간의 시간 거리가 크게 단축되었다. 대구는 고속철도의 혜택을 가장 많이 받는 지역으로 서울과 반나절 생활권에 들어가 많은 생활의 변화를 경험하게 되었고, 전국으로 접근성이 향상되는 효과를 누리게 되었다.

교통망의 확충은 전국과의 교류를 원활하게 하므로 지역 발전의 계기가 된다.

## 대구 산업의 지원군

### 대구의 산업 경쟁력은 인근 지역 경제권의 여건에 따라 좌우된다

구미와 포항, 울산, 그리고 창원은 우리나라의 대표적인 산업도시이다. 이 도시들은 대구에서 반경 30~60km 이내에 위치한다. 대구는 제조업과 서비스업에서 주변 산업도시와 높은 연관성을 가지고 있다. 이 도시들은 대구 경제의 샘과 같은 역할을 하고 있다.

그림 4-6 대구 산업의 지원군
사진 출처: 한국산업단지공단, 포항 테크노파크 정책연구소 제공

대구는 기계 및 메카트로닉스 산업이 발전한 도시다. 이 산업의 핵심 분야는 정밀가공 기기와 자동차 부품, 센서 및 액추에이터, 반도체 제조 장비 등이다. 이들 산업은 반도체, 자동차, 조선 등 우리나라 수출 주력 산업의 설비를 공급하는 중요한 기간산업으로 높은 전 · 후방 산업연관효과를 가지고 있다. 또 이를 중심으로 포항의 철강, 구미의 유리 공업 등에서 원자재 공급 네트워크를, 구미의 전자, 울산의 자동차, 창원의 기계 공업 등으로 제품의 판매 네트워크를 형성하고 있다.

대구와 가장 밀접하게 연관된 도시는 바로 구미이다. 대구와 구미는 경부고속도로로 30분이면 도달하는 하나의 경제단위이다. 구미는 1970년대부터 급속하게 발달한 국내 최대의 전자 산업 집적지이다. 인구 40만 명인 구미의 산업 생산량은 인구 250만 명인 대구의 2배 정도이다. 구미산업단지는 글로벌 기업인 삼성과 LG의 주력 생산기지로, 모바일 단말기와 디스플레이 제품 생산이 세계적이다. 이들 대기업과 관련 협력업체가 집적해 있는 구미는 세계적인 수출단지로, 수출액이 300억 달러를 넘어섰다.

대구는 산업 생산의 전국 비중이 낮지만, 구미를 대구 경제권에 포함하면, 대구 산업의 기반은 탄탄하다. 대구의 IT 관련 주요 기업, 즉 희성전자, 디보스, KTV글로벌, 참테크 등은 구미를 기반으로 해서 발전하고 있는 업체들이다.

포항과 울산이 인접해 있다는 것 또한 대구 산업 발전의 밑거름이 된다. 이미 자동차 부품을 포함한 기계 · 금속 산업은 섬유를 제치고 대구의 가장 비중 있는 산업 분야로 부상했다. 이는 포항의 포스코, 울산의 현대자동차 등과 협력하는 대구의 중소기업체가 꾸준히 성장한 결과이다.

창원의 기계 산업단지는 부산-울산 경제권과 더 밀접하지만, 대구 성서산업단지와 달성산업단지의 기업은 구마고속도로를 통한 편리한 접근성으로 인해 창원의 기계 산업단지의 기업과 긴밀한 협력관계를 유지하고 있다. 대구가 구미의 IT 산업과 창원의 기계 산업을 기반으로 메카트로닉스 산업을 제대로 육성할 수 있다면, 구미-대구-창원을 잇는 메카트로닉스 벨트가 탄생해 우리나라 경제를 이끌어 가는 새로운 성장 동력으로 부상할 가능성도 있다.

대기업을 중심으로 제조업이 발달한 이들 지역과 대구의 협력업체가 전략적 파트너로 상호 의존적인 관계로 협력한다면, 대구의 제조업 경쟁력도 한층 높아질 것이다. 또 인근 제조업 도시에 비해 대구는 사업 서비스업과 문화 · 교육 관련 인프라가 잘 구축되어 있어, 다양한 서비스업 수요를 충족할 수 있는 곳이다. 대구의 산업 경쟁력을 높이는 길은 바로 배후 지역의 산업 집적지를 고려한 개발 전략이며, 이 과정에서 지역적으로나 국가적으로 바람직한 지역 개발이 될 것이다.

### 더 알아보기

1. 고속철도의 개통으로 대구지역 상권이 위축된 사례를 찾아보자.
2. 대구의 고속버스 노선을 보고 대구가 어떤 지역과 긴밀하게 연결되는지 조사해 보자.
3. 대구와 경제적으로 밀접한 관계를 맺고 있는 도시의 생산과 소비의 활동 특성을 조사해 보자.

# 섬유에서 메카트로닉스로

대구의 성장 동력 산업이 바뀌고 있다. 현재까지 대구는 우리나라 섬유 산업의 메카로 알려졌다. 하지만 산업 구조의 변화로 대구의 섬유 산업은 비중이 감소하고, 최근 자동차 부품 산업을 중심으로 한 기계 공업의 비중이 증가하고 있다. 또 기계 공업은 전자공업과 결합하여 메카트로닉스 산업으로 진화하고 있다.

## 방직에서 패션으로

대구 섬유, 고부가가치의 패션 산업으로 진화를 꿈꾸다

대구는 섬유 도시로 일찍부터 명성을 떨쳤다. 그 뿌리는 낙동강 중상류에서 발달한 면화와 누에고치 농업에서 찾을 수 있다. 전국 누에고치 최대 생산지가 바로 경북이었고, 대구는 이와 같은 양잠업의 배후 지역을 바탕으로 일제강점기부터 제사공업이 발달하기 시작했다. 또 면화의 최대 생산지의 하나인 경북을 배경으로 대구는 면화 집산지로서 이름을 얻게 되었다. 대구는 일제강점기 면화 가공 공장의 설립으로 섬유 산업이 성장하는 토대가 되었다.

대구 섬유 산업의 발전 과정을 살펴보자. 우선 1910년대 최초의 방직공장인 동양 염직소를 시작으로 직물 생산이 근대적 공장에서 대량으로 생산되기 시작했다. 1950년대에는 전쟁 특수로 제일모직 등의 대형 직물 공장이 설립되었고, 서문시장은 전국적인 직물 도매 기능으로 크게 성장하였다. 1960년대 정부의 수출 주도 정책에 맞춰 한국나일론, 코오롱 등의 공장이 설립되면서 대구는 화학섬유 직물 시대로 진입하게 되었다. 이와 더불어 직물과 연계 산업인 염색 산업이 동반 성장하게 된다. 1970년대는 기업의 규모가 커지면서 제일합섬, 갑을방적 등 대기업을 중심으로 표준화된 제품을 대량 생산하기 시작했다. 이와 같은 과정에서 대구는 섬유 관련 제조업뿐만 아니라 도 · 소매업이 성장하여 경제적 위상이 높아졌고, 고용 창출로 유발된 인구 증가로 인해 대도시로 성장하게 되었다. 현재 대구의 섬유 산업은 지역 전체 제조업체의 25%, 종사자의 21%의 비중(2010년)을 차지하고 있다. 비록 산업 구조의 변화로 주력 산업의 지위를 기계 · 금속 산업에 넘겨주게 되었지만, 최근 고부가가치의 패션 산업으로의 진화를 모색하고 있다.

대구는 섬유의 생산 단계 중 직물 부문에 특화되어 있다. 섬유의 핵심 생산 단계는 원사 생산(방적), 직물 생산(제직), 염색, 봉제(의류)로 구분된다. 원사는 주로 대량 생산 방식으로 생산되며, 원사에서 의류 부문으로 갈수록 다양한 기술과 제품을 통한 다품종 소량 생산 방식으로 이루어지기 때문에 부가가치가 커진다. 우리나라의 경우, 패션과 의류는 주로 서울에 집중되어 있고, 대구는 섬유 기업 전체의 70% 정도가 직물 업체이다.

1980년대 들어, 예전까지 잘 나가던 대구의 섬유 산업은 국내외 악재로 인해 위기를 맞게 된다. 표준화된 제품의 대량 생산 과정에서 과잉 생산을 초래하였고, 노동운동의 전개로 임금이 상승하였다. 그 결과 가격 경쟁력이 약화되어 중국과 동남아시아 국가의 경쟁에서 밀리게 되었다. 한편, 미국과 유럽을 중심으로 한 선진국은 첨단 섬유, 산업용 섬유와 같은 신소재의 개발로 제품의 고급화를 추구하여 우리나라보다 품질과 기술에서 앞서나갔다. 이에 우리 정부는 섬유 산업의 구조조정을 위해 섬유 공장 신설을 억제하고 시설 합리화 자금을 지원하는 등 직물 합리화 사업을 펴게 되었다. 그러나 생산시스템의 고도화로 자동화 직기가 대대적으로 도입되었지만, 오히려 과잉 생산 문제는 더욱 심각해졌다. 그 결과, 섬유 업체의 부도를 맞거나 생산 공장을 노동비가 저렴한 중국 및 동남아시아 등으로 이전하는 사례가 증가하였고, 더불어 대구의 경제도 침체의 늪에 빠지게 되었다.

섬유 산업의 위기는 국내외 노동 분업과 경쟁에서 온 것이다. 따라서 이를 극복하기 위해서는 가격 경쟁에서 품질 경쟁으로의 전환이 필수적이다. 지식기반 시대에 경쟁의 핵심 요소는 기술 혁신이다. 섬유 산업 기술의 혁신을 위해 섬유 부문 연구 · 개발에 대한 투자와 신제품 및 소재 개발, 디자인 개발 등이 중요하다. 대구는 밀라노 프로젝트를 통해 섬유 산업 주력 분야를 직물에서 의류 · 패션 분야로 전환하여 산업을 고도화하는 정책을 추진하였다. 밀라노 프로젝트는 섬유 제품의 국제경쟁력 향상을 위해 마련한 전략이다. 주요 사업으로 섬유의 고급화 및 고부가가치화, 패션 디자인 산업의 활성화, 섬유 산업의 인프라 구축, 기술 개발 및 생산성 향상 등이 있다. 이 전략으로 대구 섬유 산업은 고부가가치의 패션 산업으로의 진화를 꿈꾸고 있다.

그림 4-7 '직물과 패션의 만남전'(2013년도)
출처: 대구광역시청 홈페이지(http://www.daegu.go.kr)

## 대구의 뿌리산업

### 대구의 뿌리산업은 기계와 자동차 부품 산업의 근간이다

대구의 근대 공업은 1930년대 일제강점기의 병참기지화 정책의 일환으로 본격적으로 발전하기 시작했다. 이 시기에 칠성동, 침산동, 원대동 일대에 공업 단지가 조성되었고, 기계 제작 공장을 비롯해 섬유, 고무 등 30개소의 공장을 입주시켰다. 일제강점기 이전에 대구는 이미 영남지역의 자원을 활용한 제사 공업과 섬유 공업이 입지한 상태였다.

기계 · 금속 산업은 광복 이전까지 대구 전체 공장 900여 개 중에서 70곳을 차지하면서 일찍부터 도시형 뿌리산업으로 발달하기 시작했다. 뿌리산업은 금형, 주조, 소성가공, 열처리, 표면처리(도금), 용접 등 부품을 완제품으로 생산하는 기초산업이다. 특히 주물은 대구의 대표적인 뿌리산업으로, 기계와 자동차 부품 산업의 근간이다.

광복 이후 일본으로부터 면방직 수입이 중단되면서, 대구는 수입을 대체하기 위해서 면방직 공장이 잇따라 설립되어 섬유 도시로서의 면모를 갖추기 시작한다. 이와 함께 대구의 기계 · 금속 산업은 섬유 기계 및 부품 제작을 중심으로 산업 기반을 갖추며 성장하였고, 1960~1970년대를 거치면서 자동차 부품, 전자 부품 등 영역을 확대해 나갔다. 이 시기에 설립된 뿌리산업 관련 기업이 자동차 부품 업체로 성장하였는데, SL(삼립

**주조**
금속을 녹여 형틀에 부어 일정한 형태를 가진 소재 및 부품을 만드는 공정

**금형**
정밀 부품의 대량 생산을 위해 특정 형틀을 설계 및 가공하는 공정

**소성가공**
금속에 힘을 가하면 변형되는 성질을 이용해 가공하는 공정

**용접**
금속재료에 열과 압력을 가해 접합하는 공정

**표면처리(도금)**
물리적 · 화학적 · 전기적 처리로 부식 방지, 표면 경화 등의 기능을 추가해 소재 및 부품을 마무리하는 공정

**열처리**
금속에 가열과 냉각을 반복해 더욱 단단하고 균질하도록 하는 공정

그림 4-8 **6대 뿌리산업**
그림 출처: 단조저널 블로그(http://blog.naver.com/theppuri)

자동차공업사, 1954년)과 상신브레이크(상신화학공업사, 1953년) 등이 대표적이다.

대구의 발달된 뿌리산업은 우산 및 양산, 안경, 자전거 부품 등이 국내에서 가장 큰 비중을 차지하는 산업으로 발전하는 데 크게 기여했다. 우산 및 양산 제조업은 업체 수와 생산액이 전국의 70%를 점유하고 있어, 지역 특화 산업으로 육성되고 있다. 이것은 대구가 전통적인 섬유 도시로 섬유 관련 기술 외에 봉제 및 금속 합성수지 성형 기술 등이 발달하여 우산 재료의 가공, 처리와 원자재 및 원단 구입이 용이하고 기능공도 풍부하였던 데 기인한다. 또 1945년에 대구에서 국제셀룰로이드 공업사가 창립된 것을 비롯해, 대구에서 많은 안경 업체가 설립되었다. 이를 기반으로 대구는 안경 공업의 중심지로 발전해 왔다.

그러나 전국에 대규모 기계 공단이 건설되면서 대구의 기계 공업 비중은 낮아지게 된다. 1970년 대구의 기계 · 금속 산업의 사업체 수는 전국의 14%를 점유했지만, 종업원 수는 6%, 부가가치는 4% 수준에 머물렀다.

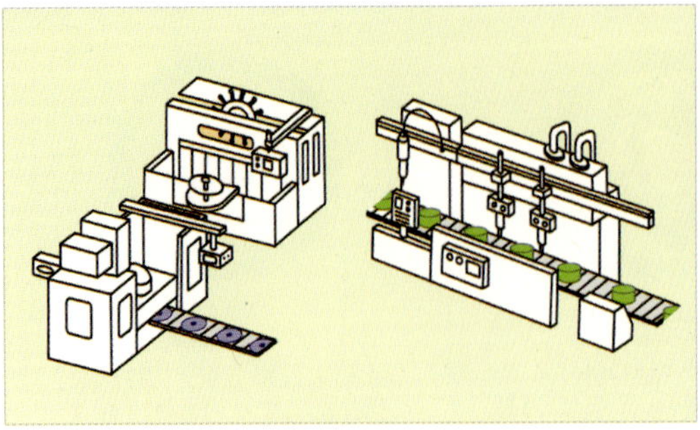

그림 4-9 메카트로닉스 공정과 공장 내부
출처: 상신브레이크 홈페이지(http://www.sangsin.com)
메카트로닉스 공정이란 컴퓨터 수치 제어에 의해 가공하는 공정이다.

대구의 기간산업은 그 발달이 미약하지만, 뿌리산업은 여전히 높은 비중을 차지하고 있고, 꾸준히 발전하고 있다. 현재 대구에는 성서의 3개 도금 단지, 3공단의 주물 단지, 가동 단지 등에 집적화된 형태로 특화되어 계속 발전하고 있다. 이곳의 뿌리산업은 도금과 표면처리, 주물, 금형 기술 등에서 여전히 전국 대비 비교우위가 높고, 기술 경쟁력도 확보하고 있다.

최근 자동차 산업이 성장하면서 대구의 뿌리산업은 자동차 부품 산업을 중심으로 급격하게 성장하였다. 자동차 부품 산업은 전자공학, 메카트로닉스 기술 등을 응용하여 자동차의 물리적 시스템을 전자 제어 시스템으로 대체하면서 첨단화되고 있다. 대구의 뿌리산업은 이제 메카트로닉스 산업으로 진화하고 있다.

## 대구 산업의 성장 동력, 메카트로닉스

### 지식 기반의 기술 융합 산업으로 메카트로닉스 벨트의 중심에 서다

대구의 주력 산업은 섬유에서 기계로 바뀌어 왔다. 대구의 제조업에서 기계 산업이 차지하는 비중도 40% 정도로 섬유 산업을 넘어서고 있다. 특히 기계 산업 중에서는 특수목적용 기계 제조업과 조립 금속 제품, 자동차 부품 제조업의 비중이 높다. 기계 산업은 전자, 자동차, 섬유 등 다양한 산업의 토대가 되는 중요한 기간산업이다.

그런데 최근 대구에서는 기계 산업이 메카트로닉스(Mechatronics) 산업으로 진화했고, 이것이 대구의 새로운 성장 동력 산업으로 주목을 받고 있다. 메카트로닉스 산업은 기

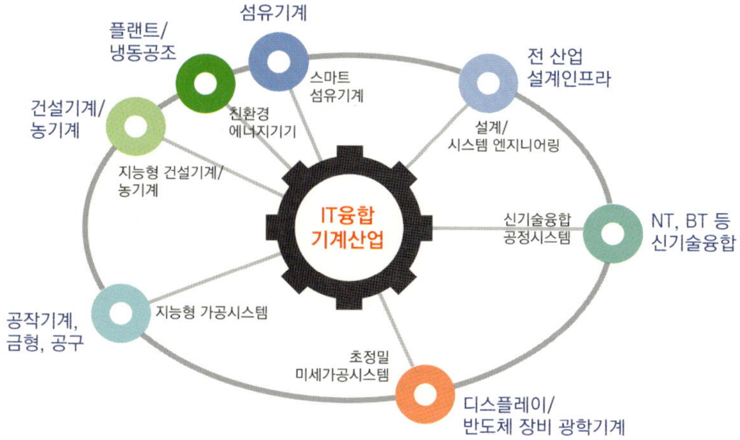


그림 4-10 메카트로닉스 산업 분야
출처: 「대구의 기계 산업 어디에서 비전을 찾을 것인가」(『대은경제리뷰』, 2011)

계 공업에 전자 기술과 정보 처리 기술을 응용한 지식 기반의 기술 융합 산업으로, 자동차 부품, 산업용 로봇 등이 대표적인 제품이다. 특히 메카트로닉스 산업은 최근 IT 기술에 기반을 둔 지능형 로봇 산업으로 더욱 발전하고 있다. 지능형 로봇은 정밀기계, 전기전자 등의 전통 기술과 신소재 반도체 인공지능, IT, NT 등의 첨단 기술이 결합된 융합 기술의 산물이다.

대구에서 메카트로닉스 산업이 경쟁력을 갖고 발전할 수 있는 조건은 무엇일까? 우선 대구는 성서산업단지, 제3공단, 달성공단 등에 집적된 기계 부품 업체를 중심으로 기계 산업이 발달하였다. 이와 함께 대구의 기계 산업과 인근 지역인 구미의 전자 산업, 포항의 철강 산업, 울산의 조선 산업 및 자동차 산업 등이 긴밀한 연계를 이루고 있다. 또 대구에는 대구경북과학기술원(DGIST), 대구기계부품연구원, 메카트로닉스부품산업화센터, 지능형로봇연구소, 나노소재집적센터, 대학 연구소 등 우수한 기술 혁신 기관이 있다. 이를 통해 창출된 신기술과, 그와 함께 확보한 고급 인력은 대구에서 메카트로닉스 산업이 성장하는 데 중요한 역할을 하게 될 것이다.

최근 대구에 정부의 로봇 산업 육성 기관인 한국로봇산업진흥원이 개원된 것은 대구가 지능형 로봇 산업의 중심으로 도약하는 밑거름이 되고 있다. 이 연구소는 로봇 인프라 구축, 연구 · 개발, 국내외 로봇 관련 기업과 연구소의 네트워크 강화 등을 통해 대구에 로봇 산업이 뿌리내리는 데 크게 기여할 것으로 기대된다. 성서산업단지를 중심으로 산재한 자동화 기기 및 의료 기기 전문기업들은 연구 기관에서 제공된 IT 기술을 기계와 융합하면서 발전할 수 있는 기회를 갖게 될 것이다.

미래의 메카트로닉스 도시로서 대구의 모습은 구미의 IT 산업, 창원의 기계 산업을 잇는 메카트로닉스 벨트의 중심에 서는 것이다. 대구 경제는 이제 새로운 성장 동력을 기반으로 재도약할 준비를 하고 있다.

## 글로벌 지식경제도시

### 지식 융합 거점 도시 대구, R&D · 의료 · 교육 · 문화의 융합

대구는 기존 제조업 중심의 산업 구조에서 벗어나 첨단 산업 및 지식기반서비스 산업을 새로운 성장 동력으로 육성하고 있다. 이를 위해 현재 대구에서는 경제자유구역, 연구 · 개발(R&D) 특구, 첨단의료복합단지 등의 대규모 국책사업들이 추진되고 있다.

대구는 지식기반 중심 도시로 발전하는 데 유리한 점이 많다. 특히 대구에는 세계 최대의 IT, 철강, 자동차 산업단지가 배후에 인접하여 있다. 대구는 동남권을 포괄하는 높은 수준의 교육, 의료, 금융, 문화 등 지식기반서비스를 제공하는 중심 도시이다. 또 풍부한 고급 인력을 배출하는 교육 인프라를 구축하고 있으며, 기업에 연구 · 개발을 지원하기 위한 많은 공공연구소와 기술연구센터가 대구에서 운영되고 있다.

경제자유구역은 국내 지식기반 산업 및 지식기반서비스 인프라가 잘 갖추어진 대구 · 경북 일원에 10개 지구를 지정하여 국내외 투자 유치를 유도하는 지역이다. 기존의 경제자유구역이 항만과 공항을 중심으로 한 물류 중심 도시를 지향한다면, 대구의 그것은 대학 · 연구소를 중심으로 한 내륙형 지식기반 산업 중심을 지향한다. 특구로 지정된 지역은 성서 첨단산업지구, 구미 디지털산업지구, 영천 하이테크지구를 포함하는 지식기반 제조업 특화지역, 그리고 동구 혁신도시지구, 수성 의료지구, 남구 국제문화산업지구, 달성 테크노폴리스지구, 경산 학원연구지구, 포항 융합기술산업지구를 포함한 지식기반서비스 특화지역이다. 특히 이들 지역의 지리적 중심에 있는 대구는 구미, 경산, 영천, 포항을 연결하며 지식기반 산업과 제조업 기능을 연계하는 구심점의 역할을 할 것으로 기대된다.

또한 대구에는 대구경북경제자유구역과 연계한 대구 R&D 특구가 조성되어, IT에 기반을 둔 융복합 산업의 중심으로 육성된다. 이를 통해 대구는 대전 · 광주를 잇는 내륙 첨단과학벨트의 중요한 축을 형성하면서 동남권 R&D 허브로 자리 잡게 된다. 대구는 스마트 IT 기기, 의료용 융합 기기, 그린에너지, 메카트로닉스 등 4대 특화분야를 집중적으로 육

그림 4-11 대구테크노폴리스의 국립대구과학관
2013년 12월 25일 촬영

성한다. 대구테크노폴리스 지구와 성서 첨단산업지구, 경북대 융합 R&D 지구, 신서혁신도시의 의료 R&D 지구, 경산 지식서비스 R&D 지구 등 5개 지구가 이에 포함됐다.

대구테크노폴리스는 연구기관과 교육기관, 대기업을 유치하여 첨단과학도시로 조성되고 있다. 이곳에 입주한 대구경북과학기술원(DGIST)은 학부 및 석 · 박사과정을 통해 연구중심대학으로서 더욱 발전하고 있다. 한국전자통신연구원 대구센터와 국립대구과학관도 입주를 앞두고 있고, 한국생산기술연구원 대구센터와 한국기계연구원 대구센터도 공사가 진행되고 있다. 신서혁신도시에 조성되는 첨단의료복합단지는 신약개발지원센터, 첨단의료기기개발지원센터, 실험동물센터, 임상시험신약생산센터를 비롯한 국책연구기관과 민간 기업이 입주하게 되어, 대구가 '메디시티'로 거듭나는 계기가 될 것이다.

이와 같이 대규모 국책사업으로 대구와 그 일대에 입주한 연구소와 기업, 지방정부와 대학 등 다양한 기관들이 서로 긴밀한 협력을 하여 시너지 효과를 발휘한다면, 대구는 지식기반 중심의 경쟁력 있는 도시로 더욱 성장할 것이다.

## 더 알아보기

1. 방직에서 패션으로 대구의 산업 구조가 바뀐 이유는 무엇인가?
2. 메카트로닉스 산업이 발달하는 데 있어 작용하는 중요한 생산 요소는 무엇인가?
3. 대구경북경제자유구역의 추진 경과와 한계를 조사해 보자.

# 상업에서 지식기반서비스로

대구는 상업 도시이다. 서문시장과 대구백화점은 대구 상업 활동의 대표 주자로 지역 상업 자본을 형성하면서 전국적으로 유명세를 떨쳤다. 그러나 외지 거대 자본의 유입으로 지역 전통 상업은 경쟁력을 잃고 있다. 대구의 미래는 지식기반서비스에 달려 있다. 대구가 경쟁력을 갖고 있는 지식기반서비스는 지역 경제의 어려움을 극복하고 성장 동력으로 자리 잡을 수 있을까?

## 경쟁과 협력으로 상생하는 명물 상가

대구 도심에는 서문시장, 약전골목, 공구골목, 교동시장 등 전통 명물시장이 많다

서문시장과 약전골목은 조선시대부터 전국적으로 유명세를 떨친 지역 상업자본 형성의 핵심 공간이다. 이들 명물시장은 대구의 경제, 역사, 문화의 흔적이 고스란히 남아 있어, 이 지역을 대표하는 상징적인 장소로 주목을 받고 있다. 지금도 많은 사람들이 상품 거래는 물론, 대구의 역사와 문화를 체험하기 위해 도심 골목을 찾는다.

서문시장은 대구장으로 시작하여 도시가 커지면서 대구읍성 서문 앞에 있던 천황당못을 메우고 자리 잡았다. 서문시장은 전국 3대 시장 중 하나로 발전하였는데, 특히 포목시장으로 명성이 자자했다. 면포의 주산지는 경상도였는데, 서문시장은 전국 면포 유통의 중심지였다. 번창했던 서문시장은 일제강점기 근대식 공장에서 저렴하게 생산된 일본산 광목이 보급되면서 심각한 타격을 입는다. 이 과정에서 몰락한 상인들은 장터를 중심으로 3 · 1운동을 주도하기도 하였다. 광복 이후 서문시장은 섬유 도시로 성장한 대구의 각종 직물공업을 배경으로 하여 전국 최대 규모의 포목 도소매 시장으로 성장한다. 현재 점포 약 4,000개가 들어서 있고, 주거래 품목은 주단, 포목 등 섬유 관련 품목

그림 4-12 약전골목
2011년 4월 16일 촬영
한약방, 약업사, 한의원, 제분 및 제탕원이 한곳에 입지하여 서로 집적 이익을 추구하고 있다.

으로 전국적으로도 유명한 원단 시장이다. 그 밖에 한복, 이불, 의류, 그릇, 청과, 건어물 등 다양한 상품이 거래된다.

대구역 건너편에 위치한 교동 귀금속 골목에는 귀금속 포장 판매점, 귀걸이 판매 전문점, 귀금속 배달 전문 업체, 귀금속 수리 전문점 등으로 분업화된 약 200개의 귀금속 업체가 집적해 있다. 결혼 예물이나 커플링을 만들기 위한 젊은이들로 붐비는 패션 골목으로 발전하고 있다. 이곳은 귀금속 가공 인력 양성을 위해 지역 대학과 협력하여 가공 기술, 디자인, 보석 감정 등의 귀금속 가공 인력을 양성하고 있고, 지역 특성화 시범사업 지역으로 선정되는 등, 대구의 경쟁력 있는 특화산업으로 발돋움하고 있다.

약전골목은 남성로에 한약과 관련된 상점이 200여 업체가 700m 정도에 걸쳐 밀집해 있다. 주요 업종으로 한약방, 한의원, 약업사, 제탕 · 제분원 같은 한약 관련 업소 등이다. 약령시는 조선시대 경상감영 객사 앞마당에서 열렸다. 약령시는 약재를 사들이는 업무를 주관하는 경상감영에 개설되었다. 그러나 읍성이 헐리고 경상감영의 객사 등 주요 건물이 파괴되면서 약령시는 원래의 장터를 잃게 되었고, 넓은 부지를 확보할 수 있는 남성로로 옮겨오게 되었다. 약전골목은 우리나라 한방 문화의 메카로 발전해 왔고, 2001년부터 대구시는 약령시 한방문화축제를 개최하여, 이 축제는 향긋한 약초 내음 가득한 풍성한 한의약 문화 축제로 자리 잡고 있다.

공구 골목은 북성로에 있으며, 이곳에 산업용 공구 관련 상점이 500여 업체가 1km 정도 밀집해 있다. 공구 골목은 광복 이후 미군 부대에서 사용하던 폐공구를 모으던 수집상 10여 명이 달성공원 입구에서 장사를 시작하면서 상인들이 하나둘씩 모여들어 형성되었으며, 그것이 지금에 이르렀다. 1970년대에 들어서면서 공구 골목은 대구에 산업단지가 들어서면서 전성기를 맞았다. 그러나 IMF 외환위기와 금융위기를 거치며 대구 · 경북 지역의 경제가 침체에 빠지자 이 골목도 큰 타격을 입게 된다. 1998년에는 주차난을 피해 검단동 유통단지로 상당수 업체가 빠져나갔다. 이런 위기 속에서도 공구 골목에는 여전히 많은 상점들이 골목을 지키고 있어 건재하다.

한편, 성서의 모다아울렛, 봉무동 이시아폴리스의 롯데몰 등과 같은 새로운 형태의 쇼핑몰도 속속 등장하고 있다. 아울렛은 지가가 비교적 저렴하고 교통이 발달한 교외 지역에 재고품이나 하자품 등을 정상가의 절반 이하의 매우 싼 가격으로 판매하는 곳이다. 이미 포화상태에 이른 도심의 상권을 벗어나 중간 물류비와 유통단계를 생략하여 최저 가격의 상품을 판매하고 있으며, 극장이나 식당 등과 어우러진 복합 여가 공간으로 발전하고 있다.

이렇듯 도시 안에는 같은 업종의 상점이 한 골목에 시장을 형성한 경우가 많다. 이들 시장의 상점 주인은 서로 경쟁 관계에 있지만, 원료 구매와 시설 · 정보 공유, 홍보 및 공동 시장 효과 등에서 많은 이익을 얻기 때문에 서로 협력을 하고 있다. 상품을 구매하는 고객도 여러 업무를 함께 볼 수 있기 때문에 시간이 절약되고, 품질과 가격을 인접 상점과 비교할 수 있기 때문에 유리하다.

전통시장은 도심에 위치하고 있어, 비싼 임대료, 협소한 공간, 교통 체증 등으로 어려움을 겪고 있지만, 신뢰를 바탕으로 저렴하고 품질 좋은 물건을 공급하면서 단골 고객을 확보하여 경쟁력을 키우고 있다. 특색 있는 명물 거리는 도시에 생명력을 불어넣는 에너지의 보고이며, 소비 도시 대구의 매력을 높이는 역할을 하는 핵심 명소가 된다.

## 대구 상업의 진화

### 서울백화점, 부산백화점은 없지만, 대구백화점은 있다

대구에는 지역 이름을 걸고 지역에 뿌리를 둔 토착기업이 많다. 대구의 대표적인 토착기업은 대구백화점과 대구은행이다. 지역 토착기업은 수십 년간 지역에 기반을 두고 성장하여 지역 경제를 이끌어 왔고, 국내 또는 해외로까지 사업을 확장하기도 하였다.

그림 4-13
**1930년대 당시의 삼성상회 모습**
출처: 삼성상회 터 안내판(2014년 5월 12일 촬영)

대구백화점은 1944년에 대구상회로 시작하여 1960년대에 백화점을 개점하면서 성장한 지역 최고의 유통업체이다. 대구백화점은 4,000여 명의 지역민을 고용하고 있으며, 연매출 3,700억 원 정도를 올리고 있다. 실적만 놓고 보면 지방 백화점에서는 대구백화점의 적수가 없다. 서울의 대형 백화점이 진출하면서 전국 지방 백화점이 대부분 몰락했지만, 대구백화점은 여전히 건재하다.

대구은행은 1967년에 경북의 자본가들이 중심이 되어 설립한 최초의 지방 은행이다. 대구은행은 대구지역에서 압도적인 시장 점유율을 자랑한다. 2006년에 대구은행의 대구지역 수신 점유율은 41%, 여신 점유율은 31%에 이르렀다. 대구은행의 순이자 마진은 업계 1위이다.

이들 기업 외에, 현재 한국을 대표하는 글로벌 기업인 삼성그룹이 대구에서 삼성상회로 시작하였고, 초창기에 그룹을 대표하는 제일모직이 대구에서 성장하였다. 그래서 많은 대구 사람들은 삼성그룹을 향토기업으로 인식하고 있다.

한편, 대구 경제를 대표하는 또 다른 토착기업이 사라지고 있다. 지역을 기반으로 한 섬유, 건설, 유통 업체의 대부분은 극심한 경영난에 시달리고 있고, 물밀듯 밀려오는 대기업에 속수무책으로 터전을 내주고 말았다. 국내 1천대 기업 중 대구 기업은 2002년 23개에서 2010년 19개로 감소했다. 토착기업이 사라지면서 대구 경제도 어려워졌다.

지역 토착 백화점인 대구백화점과 동아백화점은 외부 기업의 등장으로 큰 어려움에 빠졌다. 최근 대구의 경제 활성화를 위해 추진하고 있는 이시아폴리스와 동대구복합환승센터 개발에도 외부 대기업이 진출하고 있다.

그림 4-14 동성로와 대구백화점 일대
2013년 12월 24일 촬영

대구에서 성장한 중견 건설업체인 청구, 우방은 1990년대에 서울까지 진출하며 전국 주택 공급 1, 2위를 차지하며 지역 경제 활성화에 크게 기여하였다. 하지만 대기업이 엄청난 자본을 바탕으로 주택 브랜드를 만들면서 2000년대 중반부터 지방 대도시로 몰려들었다. 이 과정에서 토착기업인 청구, 우방, 보성은 도산하였고, 그나마 화성산업, 태왕 정도가 그 명맥을 유지하고 있다.

대구에 뿌리를 두고 성장해 온 기업이 본사를 옮기면서 좋은 일자리도 사라지고 있다. 지역에서 기반을 쌓아 성장한 제일모직, 코오롱, 대성산업 등은 본사를 다른 지역으로 이전하였다. 매출액 대비 국내 500대 기업 중 대구지역 업체는 1990년에 11개, 2000년에 10개였지만, 2010년에는 대구은행, 대구도시가스, 한국델파이, 화성산업, 대동공업 등 5곳뿐이다. 이 가운데 국내 100대 기업에 속한 업체는 단 1곳도 없다.

기업의 본사 기능은 기업 경영과 관련하여 정보 수집, 행정기관 및 관련 단체의 접촉, 인재의 확보, 금융거래의 편리성 등이 중요하다. 지역에서 기업이 입찰에 참여하거나 투자를 유치하는 데 상당한 어려움을 겪을 수밖에 없는 실정이다. 대구는 수도권에 비해 기업 본사의 입지 조건이 불리하기 때문에 많은 기업이 본사를 수도권으로 이전하는 것이다.

거대 자본을 앞세워 대구로 진출한 대기업은 지역 중소기업이 생산한 제품을 외면한다. 또 지역 금융회사를 이용하지 않고 서울의 주거래 은행을 이용한다. 이 과정에서 지역의 자본은 점점 역외로 흘러나가고 있다. 이로 인해 대구의 주요 경제기반은 외부의 거대 자본으로 인해 점점 약해지고 있다.

토착기업은 수십 년간 지역에서 쌓은 막강한 내공이 있다. 이들 기업이 든든한 지역 수요의 지원을 받아 외부의 거대 자본에 대항하고 있다. 대부분 지역에 뿌리를 내리고 지역민들과 소통해 온, 지역 경제의 대표 주자이다. 토착기업은 다양한 형태의 사회 환원을 실행하기 때문에 더 중요한 의미가 있다. 토착기업 육성을 통해 지역사회의 재정 자립도를 높이고, 주민들에게도 많은 혜택이 돌아가도록 해야 한다.

## 도시의 성장 동력, 비즈니스 서비스

비즈니스 서비스 산업은 지역 산업의 경쟁력을 높이는 데 반드시 필요하다

대구의 고급 인력은 지역을 떠나고 있다. 좋은 일자리를 구하기 어렵기 때문이다. 이들이 선호하는 일자리는 주로 금융, 연구 · 개발(R&D), 법무, 마케팅 등 생산 활동을 지원하는 비즈니스 서비스 관련 업종이다. 기업의 본사는 비즈니스 서비스 수요를 창출하는 중요한 기능이다. 대구에는 기업의 본사가 많지 않고, 그나마 지역에 뿌리를 두고 성장해 온 기업도 본사를 수도권으로 옮기는 경우가 많다. 대구가 고급 인력을 품기 어려운 이유이다.

비즈니스 서비스는 생산 과정의 중간재에 해당하며, 기업의 경영 활동을 지원하는 산업이다. 주로 유통, 정보통신, 금융, R&D, 경영 서비스 등으로 분류한다. 비즈니스 서비스는 기업 본사가 입지한 대도시의 도심을 중심으로 집중한다. 이는 기업의 본사가 경영과 관련하여 정보 수집, 행정기관 및 관련 단체의 접촉, 인재 확보, 금융 거래 등을 중시하기 때문이다.

대구의 비즈니스 서비스 산업은 주로 법무 서비스업(25%), 회계 · 세무 서비스업(22%), 광고업(16%)을 중심으로 특화되어 있다. 전국 사업체 중 5.4%, 종사자 중 3.7%를 차지하고, 업체당 종사자 수는 7명으로 국내 평균 11명에 비해 영세하다. 그래서 자본 투자가 제대로 이루어지지 않아, 업체의 전문적인 서비스 제공 역량이 부족하다. 따라서 비즈니스 서비스는 수도권에 의존할 수밖에 없는 상황이다.

그러나 대구는 비즈니스 서비스의 입지에 경쟁력을 가질 수 있는 좋은 조건이 있다.

그림 4-15 동대구로 업무 지역
2013년 11월 30일 촬영

지역 4년제 대학에서 배출한 고급 인적 자원이 풍부하다. 또 구미나 포항 등 산업 지역들의 중심지에 있으며, 고속철도와 공항 등 고속 교통망이 편리하다. 최근에는 비즈니스 서비스를 육성하기 위해 다양한 정책을 마련하고 있고, 그 노력의 결과가 곳곳에 나타나고 있다.

우선 달성군에 대구테크노폴리스를 조성하고 있다. 대구테크노폴리스에는 대구경북과학기술원, 국립대구과학관 등 연구 및 교육기관을 조성하여 지역의 기업 활동을 지원할 수 있는 기반을 마련하고 있다. 특히 대구 R&D 특구가 지정되었고, 앞으로 이곳이 영남권 R&D 허브의 역할을 할 것으로 기대한다. 또 이시아폴리스 내에 대구텍스타일콤플렉스(DTC)를 건립하여, 이곳에서 앞으로 지역 전통 섬유 산업을 지원하기 위한 섬유 마케팅이 활성화될 것으로 기대하고 있다. 동대구역세권에는 복합비즈니스센터 건립이 추진되고 있다. 이곳에는 지식기반의 첨단기업과 연구소는 물론, 국제교류센터, 비즈니스 서비스 등을 유치할 예정이다. 성서산업단지에는 이미 대구성서비즈니스센터가 준공되었다. 이곳에서는 기업 중심의 서비스를 지원하고 있다.

한편, 대구에 입주하는 대기업의 지점을 현지 법인화하는 경우, 지역에는 새로운 비즈니스 서비스의 수요가 발생한다. 현대백화점 대구점의 경우, 자금팀을 별도 운영하여

그림 4-16 **대구 성서비즈니스센터**
2013년 12월 6일 촬영

단독 본사 기능을 수행하게 된다. 이 업체는 자금을 지역 금융기업에 예치하고, 이곳을 통해 모든 자금 거래를 하게 된다.

비즈니스 서비스 산업은 지역 제조업의 경쟁력을 높이고, 고급 일자리를 창출하는 데 반드시 필요하다. 따라서 대구는 앞으로 비즈니스 서비스 산업을 제조업과 융합해 지역의 성장 동력으로 육성해야 한다.

## 메디시티 대구, 에듀시티 대구로

### 의료 · 교육의 국제 허브로 비상하다

대구는 의료와 교육의 도시다. 그중에서도 수성구 범어네거리 일대는 애플타워, 범어골드클리닉 빌딩 등 의료 빌딩이 스카이라인을 형성하고 있고, 명문고가 많이 입지하여 있어, 대구의 강남이라 불린다. 의료와 교육 서비스는 이제 지역을 넘어 국제적인 허브로 성장하기 위한 준비를 하고 있다.

몇 년 전, 대구는 '메디시티'를 비전으로 선포하고(2008년), 이래로 첨단 의료 산업을

그림 4-17 대구의료관광종합안내센터 내부 전경
2014년 4월 1일 촬영

새로운 성장 동력으로 육성하고 있다. '메디시티 대구'의 주력 엔진은 첨단의료복합단지와 의료 관광 산업이다.

대구는 최고 수준의 의료 인프라를 바탕으로 첨단의료복합단지로 지정되었다. 앞으로 신약개발지원센터, 첨단의료기기개발지원센터, 임상시험신약생산센터 등의 연구 시설이 들어서게 되어, 고용 창출과 생산 증대의 효과가 클 것으로 기대된다. 또 대구경북경제자유구역 중 수성의료지구는 IT를 기반으로 한 의료 지식서비스 산업 공간으로 조성한다. 지역에 발달한 IT 및 메카트로닉스 산업이 의료 기술과 융합하면 상당한 파급 효과가 생길 것이다. 첨단의료복합단지와 수성의료지구는 지리적으로 인접해 있기 때문에 시너지 효과를 기대할 수도 있다.

대구는 의료 관광 서비스의 중심으로도 주목을 받고 있다. 수도권을 제외하고 외국인 환자 방문객이 가장 많다. 2010년의 외국인 환자 방문객 수는 4,500여 명으로, 서울, 경기에 이어 전국 3위로 많다. 이것은 대구가 국내 다른 지역에 비해 진료비와 입원비가 저렴하고, 의료 수준이 뒤지지 않기 때문이다.

'메디시티 대구'의 비전은 실현될 수 있다. 대구는 오랜 전통의 한의약 중심 도시이며, 5개 대학병원이 밀집해 있는 최고의 의료 인프라를 갖추고 있다. 또 지방 최고 수준의 임상시험 여건을 가지고 있으며, 국내 의료 인력의 20%를 배출하고 있다. 대구의 IT 및 신소재 산업 R&D 기능은 첨단 의료 산업 육성을 위한 융합 산업의 기반이 된다.

그림 4-18 대구 ICT Park 전경과 입주 업체 CI
2013년 12월 24일 촬영

한편, 대구는 오랫동안 교육 도시의 명성을 얻어 왔다. 최근에는 경제자유구역의 교육 국제화 특구로 지정되어, 글로벌 인재 양성의 중심 기능을 수행할 수 있는 조건을 갖추게 되었다. 특히 수성의료지구와 경산학원연구지구에는 앞으로 국제학교, 외국대학 단지, 국제에듀파크 등이 조성된다.

대구와 인근 경산에는 4년제 대학과 전문대가 많아, 대구는 교육 도시로서의 기반을 이미 갖추고 있다. 여기에 대구혁신도시로 이전되는 학술진흥재단, 한국교육학술정보원 등 교육 · 학술 관련 공공기관도 지역 교육 서비스 산업이 발전하는 데에 좋은 기회로 작용할 것이다. 이를 통해 대구는 지역 인재의 유출을 막고, 교육 서비스에 활력을 불어넣어 에듀시티로서의 위상을 높일 것이다.

대구에 지식 기반의 의료 및 교육 서비스업이 경쟁력을 갖추며 자리 잡아, 장차 대구가 국제도시로 성장해 가는 모습을 상상해 본다.

## ICT Park에서 문화 콘텐츠 산업이 꿈틀대다

### 대명동에 모여드는 문화 콘텐츠 기업과 전문 인력

남구 대명동에 프랑스 글로벌 소프트웨어 기업인 다소시스템 R&D 센터와 벨기에 소프트키네틱의 3D 콘텐츠 개발 센터가 입주한다. 이제 대구는 3D 소프트웨어 부문의 연구 · 개발 중심 도시로 위상을 높이게 되었고, 문화 콘텐츠 중심의 국제도시로 거듭나고 있다.

대구의 문화 콘텐츠 산업은 종사자 규모가 수도권을 제외하면 지방 최대 규모이다. 특히 대명동은 게임, 모바일 콘텐츠, 디자인을 중심으로 한 업체가 집적하여, 기업에 필요한 비즈니스 서비스, R&D 지원 등의 기능을 수행하고 있다. 특히, 대구디지털산업진흥원(DIP)을 중심으로 ICT Park를 형성하고 있으며, 2004년에는 문화산업클러스터로 지정되었다.

1990년대 말부터 인터넷이 발전하면서 IT와 CT를 통한 콘텐츠의 수요가 증가하였다. 이 시기에 대구도 많은 콘텐츠 업체가 설립되기 시작했는데, 이들 업체는 계명대가 교외로 이전하면서 생긴 부지에 집적했다.

대구의 문화 콘텐츠 산업은 게임 관련 기업과 방송 · 영상 관련 기업을 중심으로 성장하고 있다. 다양한 문화적 기반과 우수한 IT · CT 기술과 인재를 바탕으로 단기간에 많은 성과를 내고 있다. 현재 문화 산업 클러스터에는 100여 개 업체가 입지해 있고, 업체 및 종사자 수가 매년 30% 이상 증가하고 있다. 특히, 게임 산업은 높은 성장률을 보이고 있으며, e-스포츠 페스티벌을 개최하면서 서울에 이어 제2의 생산 거점으로 등장하고 있다.

대구의 문화 콘텐츠 산업이 경쟁력을 확보하면서 발전하고 있는 이유는 무엇일까? 우선 지역 내 문화 콘텐츠 산업 관련 인력이 매년 2,000여 명씩 배출되고 있어, 전문 인력을 확보하기가 용이하다는 점을 들 수 있다. 또 IT · CT 관련 기업이 한 장소에 모여 있어, 정보 교환, 상호 네트워크 활용 등 집적 이익을 누릴 수 있는 점을 들 수 있다. DIP를 중심으로 R&D 지원 인프라가 구축되어 있는 것도 강점이다.

문화 콘텐츠 산업은 상대적으로 소규모 인력으로도 창업이 용이한 특성으로 소규모기업이 주류를 이루고 있다. 앞으로 지역 문화 콘텐츠 산업이 더욱 성장하기 위해서는 세계적으로 경쟁력을 가진 대규모 기업의 육성이 절실히 필요하다. 또 단순히 기업이 한 장소에 집적하기보다, 기업과 지원센터 등의 주체들의 활발한 의사소통으로 집단 학습이 활성화될 수 있는 제도적인 환경이 구축되어야 한다. 이를 통해 대구의 문화 콘텐츠 산업은 고부가가치를 창출하는 지역의 핵심 산업으로 성장할 수 있을 것이다.

## 컨택센터, 대구에 둥지를 틀다

고객을 효과적으로 관리하는 전문 인력과 시스템을 갖춘 고부가가치의 서비스업

대기업의 컨택센터가 대구로 몰려오고 있다. 최근 유통, 보험, 금융 등 서비스 관련 업

체는 물론 제조업체까지 고객서비스를 강화하기 위해 대구에 컨택센터를 설치하고 있다. 이들 기업은 컨택센터를 주로 중추 기능을 가진 수도권에 입지하였으나, 교통 및 통신 발달로 서비스 활동의 공간적 분리가 가능해지면서 입주지로서 대구를 주목하기 시작했다.

대구의 컨택센터는 2004년까지 8개 업체, 800명 수준이었으나, 2010년까지 45개 업체, 9천3백여 명을 고용하면서 급속히 증가했다. 현재 대구에는 SK텔레콤, KTF, 하나로텔레콤, LG카드, 교보자동차보험, 대한화재, 국민건강보험공단 등 수많은 서비스 업체가 입주해 있다.

컨택센터는 전화로 고객 상담을 하는 콜센터 기능에 전자우편, 팩스, 웹서비스 등 첨단 통신 기능을 추가한, 수준 높은 고객 상담 서비스를 수행하는 곳이다. 이것은 주로 판매 및 마케팅, 시장 조사, 고객 불만 접수 등의 광범위한 지원 서비스를 지리적으로 분산되어 있는 고객에게 제공한다. 컨택센터는 고객을 효과적으로 관리할 수 있도록 전문화한 인력, 시스템 및 시설을 갖추고 있어, 일자리 창출은 물론, 관련 시스템 산업의 발전도 가져오고 있다. 콜센터는 젊은 여성들을 이용한 저임금 업체로 인식됐지만, 컨택센터는 IT와 마케팅 기법의 발달로 인해 고부가가치 첨단 서비스 업종으로 변신하고 있다.

컨택센터는 표준어를 사용하는 지역에 입주하는 것이 유리한데, 특유의 방언이 심한 대구에 그 둥지를 트는 이유는 무엇일까? 대구는 오랜 경기 침체로 기업 활동이 저조하여 양질의 일자리를 구하지 못한 인력이 있으며, 도심 업무용 빌딩의 입주율도 낮았다. 따라서 대구는 다른 지역에 비해 유휴 인력이 풍부하다. 특히 여성 인력은 표준어 습득이 빠르고, 표준어 구사력도 뛰어나다. 또한 대구시도 적극적으로 재정적 지원을 하고 있으며, 상대적으로 저렴한 도심 건물의 임대료 등 상당한 인프라 강점을 갖고 있다.

대구에 컨택센터가 입지하면서 고용 창출 효과가 나타났고, 시설 장치비 마련 및 부대 서비스업 등의 경제 유발 효과도 나타났다. 또 도심 업무용 빌딩의 기업 입주로 도심 재활성화의 효과도 나타내고 있다. 컨택센터 하나가 가져오는 경제 유발 효과는 연간 2천만 원 정도의 급여, 1인당 연간 90만 원가량의 건물 임대료, 유동 인구 증가로 인한 주변 상권 발달, 800만 원 정도의 IT 관련 시설 설치비 등이다.

이렇듯 컨택센터는 대구의 신규 고용 창출은 물론 도심 건물의 활용률을 높이는 등 지역 경제 활성화에 크게 기여하고 있다. 컨택센터는 대구를 대표하는 새로운 비즈니스 서비스 산업으로 성장하고 있다.

그림 4-19 카드 회사 컨택센터 내부
출처: 대구광역시청 홈페이지(http://www.daegu.go.kr)

## 더 알아보기

1. 약전골목의 업종별 네트워크 사례를 찾아보자.
2. 토착 기업이 경쟁력을 갖추고 성장한 과정을 살펴보고, 지역 경제에 주는 혜택을 조사해 보자.
3. 대구 비즈니스 서비스 산업의 한계를 조사해 보고, 극복 방안을 제시해 보자.

제5장

# 대구 문화의 겉과 속

대구 사람, 대구 스타일

대구인의 문화 지도

대구의 맛과 멋

대구의 문화 경관

그림 5-1 2 · 28 민주 운동 당시 거리로 나온 학생들

출처: 2 · 28민주운동기념사업회 홈페이지(http://228.or.kr)

인류 역사에 이런 강압적이고 횡포한 처사가 있었던가. 근세 우리나라 역사상 이런 야만적이고 폭압적인 일이 그 어느 역사 속에 끼어 있었던가? 백만 학도여! 피가 있거든 우리의 신성한 권리를 위하여 서슴지 말고 일어서라!

– 1960년 2월 28일, 하청일(경북고등학교 3학년)의 2 · 28 결의문 중에서

대구 사람들을 이야기할 때 '보수'라는 단어는 어딜 가나 빠지지 않는다. 하지만 그것이 진짜 대구 사람들을 아우를 수 있는 표현일까? 실제로는 퇴계학파와 남명학파가 어울리고, 남인과 노론이 술잔을 기울이던 개방적인 고장이 대구이다. 또 2 · 28 민주 운동과 국채 보상 운동을 주도했던 지역, 전라도와 충청도 출신의 국회의원도 곧잘 배출해 낸 개혁적인 지역이 대구이다.

# 대구 사람, 대구 스타일

사람들의 기질과 생활 습관은 그 지역의 특징을 반영한다. 대구 사람들은 보수적이라는 이미지가 있지만, 그것은 일종의 고정관념일 수도 있다. 대구의 수성구를 통해 대구의 과도한 교육열과 왜곡된 교육 문화의 단면을 볼 수 있다. 대구도 외국인 노동자와 유학생들이 늘어나고 있어, 시대의 흐름에 따라 다문화 사회로 연착륙하기 위해 많은 부분에서 변화하고 있다.

## 대구 사람들의 기질

대구의 이미지를 긍정적으로 변화시키는 것은 대구 사람들의 몫이다

보수적 · 배타적 · 폐쇄적, 재난이 잦은 도시, 더운 도시…….

다른 지역의 사람들이 대구를 평가할 때 가장 많이 나오는 단어들일 것이다. 이는 대구 안에 사는 사람들의 인식도 크게 다르지 않다. 『대구시사』(1995)에 실린 시민의식 조사 내용을 살펴보면, '보수적이다', '사치 · 허영적이다', '시기심이 많다'라는 항목에 대한 응답률이 높다. 반면에 '순진하고 투박하다', '신의가 있다', '정의감이 강하다'라는 항목에 대한 응답률은 상대적으로 낮은 편이다. 이는 대구 시민들 역시 스스로에 대해 부정적인 인식을 많이 가지고 있음을 알 수 있는 결과다.

2012년 4월에 치러진 제19대 총선 결과, 대구지역은 모든 지역구에서 보수적인 색체가 강한 새누리당이 압도적인 표차로 당선되었다. 비단 제19대 총선 결과뿐만 아니다. 지난 제18대 총선에서도 그렇고, 그 이전의 많은 선거에서도 대구에서는 민자당-한나라당-새누리당으로 이어져 온 보수 정당의 득표율이 압도적으로 높았다.

2008년에 대구MBC에서는 대단히 재미있는 조사를 한 적이 있다. '길이 2m 이상의 벤

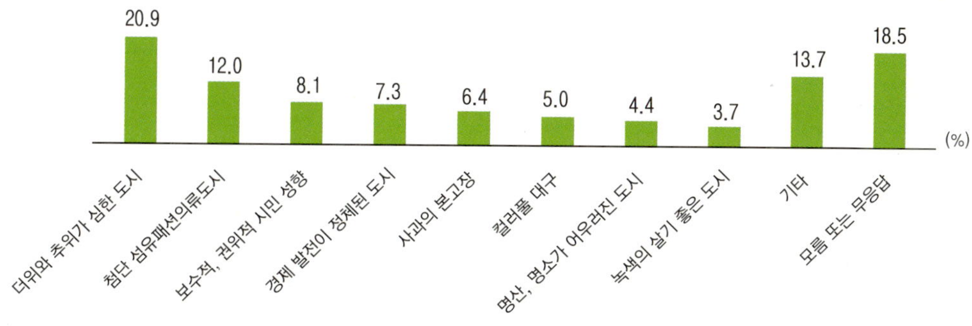


그림 5-2 대구의 이미지 조사 결과
출처: 『대구사회조사』(대구광역시, 2012)를 기초로 재작성함.

치에서 서로 낯선 사람이 벤치에 앉았을 때의 평균 거리'를 조사한 것인데, 이를 통해 사람들 간의 개인 거리를 알 수 있다고 한다. 개인 거리란 어떤 개인이 일정한 거리에서 낯선 사람이 자기 영역을 침입해 올 때 불안해하고 긴장하게 되는 거리를 말한다. 비교 대상이었던 서울 현대백화점 앞 벤치에서의 평균 거리는 36.2cm였다. 반면에 대구 경상감영공원에서의 평균 거리는 59.2cm로 나타났다. 대구 사람들의 개인 거리가 서울 사람들의 그것보다 23cm나 길다고 나타난 것이다. 개인 거리는 개인 공간을 형성한다. 개인 거리가 길다는 것은 개인 공간에 대한 폐쇄성과 배타성이 크다는 것을 의미한다. 하지만 과연 이러한 모습들만 가지고 '대구 사람들'의 성향이 '보수적'이라는 결론을 내릴 수 있을까?

2000년대 들어, 우리나라의 경제 상황이 나빠지고 양극화가 심해지면서 국민 전체의 성향이 보수적으로 바뀌고 있다는 조사 결과가 있다. 보수적이라는 것이 대구만의 특성이 아닐 수 있다는 것이다. 지난 제19대 총선에서 대구뿐만 아니라 다른 지역에서도 보수적인 새누리당의 득표율이 높아 과반 의석을 차지했다는 것도 이를 뒷받침한다. 보수적인 성향을 지역이 아닌 세대별로 분석해야 한다는 의견도 많다. 대구MBC의 조사 결과로 '대구 사람들의 개인 거리가 멀다'고 나타난 것은 대구 사람들의 배타적이고 보수적인 성향 때문이라고 해석할 수도 있지만, 대구 사람들이 타인에 대한 배려심이 더 크다는 것으로 해석할 수도 있다. 특히 서울에 비해 타 지역에서의 전입자가 적은 대구에서 다른 지역 사람에 대한 경계심이 있는 것은 오히려 자연스러운 현상이라고 할 수 있다.

우리가 대구와 대구 사람들에 대해서 인식하는 것은 몇 가지의 큰 사건들과 주변의 근거 없는 이야기들이 만들어 낸 일종의 고정관념일 수 있다. 실제로 다른 지역보다 보수적이라고 해서 그것이 큰 문제인가? '보수'의 사전적 정의는 '새로운 것이나 변화를 반대하고 전통적인 것을 옹호하며 유지하려 함'(『국어대사전』)이라고 한다. 우리의 아름다운 멋을 지키고 문화를 옹호하고 유지시켜 나가기 위한 보수라면, 그것은 얼마든지 사회 발전에 이바지할 수 있다. 역사적으로도 보수적인 성향의 인물들이 국가와 사회 발전에 많은 역할을 해 왔다.

결국 대구의 이미지를 만드는 것은 지금 현재를 살아가고 있는 대구 사람들의 몫일 것이다. 대구 사람들은 그 몫을 다하기 위해서 먼저 보수적이고 폐쇄적이어서 좋지 않다는 스스로의 고정관념에서 탈피할 필요가 있다. 그리고 건전한 보수를 지향하면서 과감하게 변화를 수용하고 다른 것에 대한 포용을 통해 성장해야 한다. 그렇게 하면 대구와 대구 사람들에 대한 인식도 분명 달라질 것이다.

## 보수적인 대구가 국가의 위기에 맞서다

### 대구는 한국 근 · 현대사에서 빠질 수 없는 역사적인 도시이다

최근 스마트 시대가 되면서 사회의 변화 속도가 점점 더 빨라지고 있다. 어제의 유행이 오늘에는 구식이 되고 내일은 또 다른 파도가 밀려오는 시대다. 그러면서 이러한 변화에 적응하지 못하는 사람들은 시대에 뒤떨어진 사람으로 인식되는 경향이 강해졌다. '보수'라는 단어가 부정적으로 바뀐 것도 이와는 무관하지 않을 것이다. 하지만 이 땅의 보수적이었던 많은 사람들은 역사적으로 국가와 사회에 큰 위기가 닥쳤을 때 그 누구보다 앞장서서 나라를 위해 헌신했다. 대구가 바로 보수의 '견위수명(見危授命, 나라가 위태로울 때 목숨을 바친다) 정신'을 수차례 보여 준 자랑스러운 지역이다.

그 대표적인 사례가 국채 보상 운동이다. 1907년 대구에서 시작되어 전국으로 확산된 국채 보상 운동은 대구를 넘어 대한민국 전체의 정신적 유산이기도 하다. 나라의 빚을 직접적인 채무자가 아닌 일반 국민이 스스로 갚겠다고 일어난 국채 보상 운동은 1990년대 후반의 IMF 외환위기 당시 '금 모으기' 운동으로 이어졌고, 대한민국이 어려움을 이겨내는 정신적 자양분 역할을 톡톡히 하고 있다. 비록 국채 보상 운동은 당시 일제의 방해 공작으로 성공하지는 못했지만, 대구 사람과 우리 민족의 저력을 확실하게 보여 준 역사에 길이 빛날 사건으로 평가받고 있다.

20세기 초에 대구의 긍지를 보여 준 사건이 국채 보상 운동이었다면, 20세기 중반에

그림 5-3 2 · 28 학생 의거 기념탑
2013년 11월 23월 촬영
2 · 28 학생 의거를 기념하기 위해 세워진 기념탑으로, 1961년에 남구 대명동 명덕로타리에 세워졌다. 이후 1990년에 도시를 정비함에 따라 달서구에 위치한 두류공원으로 이전되었다.

또 다시 긍지를 나타낸 사건은 2 · 28 민주 운동이다. 1960년 2월 28일, 경북고를 비롯한 지역의 경북여고, 대구상고, 경북대 사대부고, 대구고 등의 7개 고교 학생들이 반월당네거리를 거쳐 현 경상감영공원으로 행진하며 시위했다. 시위의 목적은 이승만 정권의 독재와 부정부패, 부정선거 등 총체적인 불의를 정의의 이름으로 심판하겠다는 것이었다. 이것이 바로 2 · 28 민주 운동이다.

2 · 28 민주 운동은 대한민국 건국 이후 최초의 민주화 시위로, 4 · 19 민주 혁명의 도화선이 되었다. 4 · 19 민주 혁명으로 인해 일주일 뒤인 4월 26일 이승만 대통령이 물러났으니, 대구는 우리나라 현대사 최초로 시민의 힘으로 민주주의를 바로 세운, 역사적인 지역이다.

최근에는 2 · 28민주운동기념사업회에서 운동 53주년을 맞아 중구 남산동 명덕초등학교에 2 · 28민주운동기념회관을 개관했다. 반세기 전에 독재에 항거해 민권 의식을 고취시킨 학생운동의 역사적 의미와 그 정신을 기리는 공간이 마련되었다는 점에서 의의가 크다.

혹자는 국채 보상 운동과 2 · 28 민주 운동을 지나간 역사라 치부할 수도 있다. 그러나

한 지역의 특성과 그 사람들의 기질은 잠시잠깐의 흔들림으로 변화하지 않는다. 과거에 그랬던 것처럼 대구는 국가와 사회가 필요할 때 또 다시 그 역할을 해낼 것이다. 따라서 대구의 보수성을 비판하는 사람들에게 대구 사람들이 고개를 들지 못할 이유가 전혀 없다.

## 다문화 사회로 가는 대구

외국인 노동자 · 유학생의 증가로 구성원이 다양화되고 있는 대구

2011년 7월 22일, '노벨 평화상'의 도시인 노르웨이의 오슬로에서 어느 극우 민족주의자가 총기를 난사하여 76명을 살해했다. 그는 무슬림 이민자들을 혐오했으며, 다문화주의에 반대해서 이 같은 일을 저질렀다. 우리나라에서도 2012년에 엽기적인 여성 살인사건이 발생하였고, 그 범인이 중국 조선족임이 밝혀지자, 우리 사회에도 발칵 뒤집혔다. 우리나라 사람들도 한동안 조선족을 비롯한 외국인들에 대한 혐오감이 커지기도 했다.

세계가 보다 가까워지고 국가 간 사람들의 이동이 자유로워지면서 서로 다른 민족이 어울려 살게 되는 경우가 점차 많아지고 있다. 하지만 서로 간의 문화적 · 경제적인 차이 때문에 이주민들에 대한 불신과 차별이 심해지고 있으며 그에 따라 원주민들에 대한 불만과 증오가 커져 가고 있기도 하다. 앞에서 제시한 노르웨이의 예는 이러한 변화의 양상이 극단으로 치달을 경우 나타날 수 있는 상황이다.

서로 다른 민족이 어울려 사는 다문화 사회로의 이행은 이미 거스를 수 없는 시대적인 흐름이다. 우리가 살고 있는 대구에서도 지난 10년간 외국인이 무려 9배나 증가했다는 것이 이를 말해 준다.

대구에 살고 있는 외국인은 상당수가 공단에서 일하는 근로자들이다. 특히 공단이 많이 밀집한 달서구에 집중되어 있다. 이는 노동 집약적인 공업의 비중이 높은 대구의 산업 구조 때문이기도 하다. 노동 집약적인 공업에서 가장 중요한 요소는 값싼 숙련 노동력인데, 경제의 성장으로 국내에서는 값싼 노동력을 구하기가 힘들어지게 되었다. 따라서 기업들은 값싼 노동력을 구하기 위해 중국이나 동남아 지역의 인건비가 싼 지역으로 이동하거나, 그 지역의 값싼 노동력을 고용하게 되면서 외국인 노동자의 국제 이동이 시작된다.

초기에는 외국인 노동자 중심이었으나, 최근에는 결혼이민자 및 유학생의 수도 급격하게 늘어나고 있다. 특히, 유학생 인구는 주요 종합대학이 위치하는 북구와 달서구에

그림 5-4 대구 이슬람센터(달서구 죽전동 소재)
2013년 11월 23일 촬영

편중되어 있다. 북구의 공업단지가 쇠퇴하고 있음에도 불구하고 외국인 인구가 유지되고 있는 이유 중 하나는 바로 유학생의 인구가 증가하였기 때문이다.

달서구, 서구, 북구와 달성군은 1990년대 이후 산업단지의 조성으로 외국인 노동자가 급증하였다. 그런데 동구는 결혼이민자가 외국인 노동자보다 많다. 북구 역시 결혼이민자가 외국인 노동자 수보다 많다. 각 구별로 외국인 유학생의 현황을 살펴보면, 북구는 이들이 외국인 거주자의 31%를 차지하고 있어 상당히 많다. 이는 북구에 경북대학교와 영진전문대학교가 있고, 여기에 외국인 유학생이 많기 때문이다. 달서구는 유학생의 수가 1,183명으로(2013년 7월 현재), 대구 전체 군 · 구 중에서 가장 많은 곳이다. 이는 달서구에 위치한 계명대학교와 계명문화대학교에 외국인 유학생이 많기 때문이다.

외국인 인구의 증가는 외국 문화의 유입을 가져오고, 이는 도시 경관의 변화를 가져온다. 외국인들이 많이 거주하거나 외국인 유동 인구가 많은 지역에서는 외국인 관련 시설 등이 입지하고, 그러한 시설을 통해 다양한 문화가 전파되고 있다. 대구 이슬람센터의 경우, 외국인이 가장 많은 달서구에 입지해 있고, 외국인 관련 시설 등은 외국인 유동 인구가 많은 북부정류장과 대구역 주변에 주로 분포해 있다. 또한 외국인 강사의 수요가 많은 교육시설 집중 지역인 수성구에는 외국인 강사들이 신매동 · 지산동 일대의 원룸촌에 모여 살고 있다.

외국인들이 많아지면서 이들에 대한 차별과 냉대로 인한 문제가 크게 불거지고 있다. 많이 줄었다고는 하지만 외국인 노동자에 대한 사업주의 횡포가 아직도 일어나고 있으며, 동포인 조선족과 새터민들에 대한 유무형의 멸시도 종종 기사화된다. 모두가 그런 것은 아니지만, 인간 이하의 취급을 받는 결혼 이민 여성도 꽤 있다. 그 자녀들은 학교와 사회에서 정신적 스트레스를 많이 받고 있다.

현재의 대구 인구 구성과 경관상 보이는 작은 변화들은 앞으로 이뤄질 더 큰 변화의 시작일지도 모른다. 더 나은 삶을 찾기 위한 작은 소망을 안고 우리나라에 온 그들과, 대구에서 더불어 살 길을 모색하는 것은 우리의 희망찬 미래를 만들기 위해서 꼭 필요한 일이다.

## 더 알아보기

1. 대구 사람들의 기질을 알 수 있는 다양한 예시를 생활 속에서 찾아보자.
2. 대구 사람들이 과거에 국가와 사회의 위기를 맞아 전면에 나서서 이를 극복하는 데 앞장선 사례를 찾아보자.
3. 다문화 사회를 맞이하여 세계 시민으로서 지역 사회에서 우리가 실천할 수 있는 활동을 생각해 보자.

# 대구인의 문화 지도

대구는 이상화, 박태준 등 뛰어난 예술인들을 많이 배출한 지역이기도 하다. 특히 지금의 계산동 일대에는 일제강점기와 근대의 암울했던 시기에 민족의 혼을 일으키고자 했던 예술가들이 모여 그들의 꿈을 펼치기도 했다. 이를 이어받아 지금의 대구도 예술과 체육 분야에서 두각을 나타내는 사람들이 많으며, 이에 대한 정책적인 지원도 늘어나고 있다.

## 대구를 그려낸 문인들

서거정, 이상화, 현진건은 대구를 대표하는 문인들이다

대구를 대표하는 문인의 한 사람인 시인 이상화의 삶을 그린 영화 〈아마릴리스〉가 2011년 9월에 개봉되었다. 이상화의 삶과 작품이 뮤지컬과 연극, 공연 등으로 소개된 적은 있지만 영화로 만들어지기는 이번이 처음이다. 대구의 역사에는 이상화를 비롯해 시대를 초월해서 사람들의 마음을 어루만지는 뛰어난 문인들이 많다.

조선시대 초기의 문신이었던 서거정(1420~1488)은 대구에서 배출한 가장 걸출한 문인 중 한 사람이다. 서거정의 사후 300여 년이 지난 때에 정조가 그의 문장에 대해 극찬했다고 한다. 과거 급제 이후 대구 경재소의 담당자가 된 서거정은 비록 대구에 살지 않았으나 지역 사정에 정통했다. 지역 출신 인사들이 과거에 급제하면 동향 선배로서 그들을 전폭적으로 지원해 주는 일이 많았다. 서거정은 대구를 항상 '내 고향'이라 부르면서 대구에 대한 애틋한 감정의 흔적들을 군데군데 남겨 놓았다. 그중 하나가 유명한 「대구십영」이다. '대구십영'은 서거정이 책임 편찬한 『신증동국여지승람』의 「대구도호부」 부분에 수록된, 대구의 10개 절경에 대한 칠언절구(七言絶句)이다. 그 문장이 아름답고 대

그림 5-5 이상화 고택(대구시 중구 계산동 소재)
2013년 11월 13일 촬영

구의 여러 경관을 잘 그려 내고 있다.

서거정의 뒤를 이어 문학계를 빛낸 대구의 인물은 일제강점기의 혼란함과 억압 속에 살았던 이상화와 현진건이다.

이상화(1901~1943)는 일제강점기에 활동한 한국의 대표적인 민족 시인이다. 그는「빼앗긴 들에도 봄은 오는가」를 비롯한 많은 작품을 통해 민족혼을 일깨우는 서정적 저항시를 많이 남겼다. 초창기 작품은「나의 침실로」와 같은 낭만적 서정시가 많았으나, 관동대지진(1923년)과 조선인 학살 사건 이후 핍박받는 동포들에 눈을 돌려 저항시 위주의 작품 활동을 했다. 특히 1920년대에는 일본에서 유입된 낭만주의, 상징주의, 퇴폐주의 등이 무분별하게 받아들여지고 있었는데, 이상화는 그러한 문예사조를 과감히 탈피하고 민족의 현실로 눈을 돌려 민족의 아픔을 서정적으으로 담아내어, 빼어난 저항시를 남겼다. 그는 어린 시절이던 1919년에 대구지역의 3 · 1 운동에 가담하였고, 후에 지역 학생들의 교화를 위해 교남학교(현재의 대륜중고등학교)에서 후진을 양성하였다. 그가 지역 사회에 미친 영향은 결코 시인으로서의 것에만 머물지 않았다.

현진건(1900~1943)는 이상화와 동시대의 문인으로, 우리나라 리얼리즘 문학의 새로운 지평을 연 작가로 평가받는 소설가이다.「빈처」,「술 권하는 사회」등의 소설을 통해 당대의 식민지 현실을 첨예하게 비판하였다. 1936년에 동아일보사에서 사회부장으로 재직할 당시, 베를린 올림픽 마라톤 대회에서 우승한 손기정의 가슴에서 일장기를 말소한 것이 그였다. 그는 작품 활동뿐만 아니라 행동으로 저항을 실천한 사람이었다.

암울했던 일제강점기를 벗어나고 제일 먼저 그 기능을 되찾은 것이 말과 글이다. 당시 우리나라 문단에서는 모국어를 되찾음으로 해서 해방되어, 좌우익이 대립하는 혼란 속에서도 신문 · 잡지 · 작품집 등으로 활기를 띠기 시작했다. 대구도 예외는 아니었다.

시 동인지 『죽순』이 바로 이때인 1945년 9월에 대구에서 창간되었다. 창간호에는 발행인 이윤수를 비롯한 유치환, 박목월과 같은 저명한 시인들이 작품을 발표했다. 이 동인지는 이후 전국적으로 60여 명의 시인이 235편 이상의 작품을 발표할 정도로 발전했다. 물론 경제적인 어려움으로 중간에 휴간과 복간이 몇 차례 반복되기도 하였다. 그러나 현재까지 명맥을 이어오면서 통권 제47호(2012년 12월 현재)까지 발간하였다. 또 '상화 시인상'을 제정하여 해마다 수상자를 배출하는 등, 지역의 문학 발전에 큰 버팀목이 되고 있다.

## 계산동에 남겨진 대구 예술인의 혼

### 계산동은 예술인들이 모여 빛을 내던, 예술의 공간이다

밀레의 「이삭 줍기」나 「키질 하는 사람」 등의 그림은 서민들의 일상을 있는 그대로 담백하게 표현한 작품이라 후대에 극찬을 받는 그림들이다. 우리나라 미술사의 큰 기둥인 김홍도의 「씨름도」나 「서당도」도 당시 서민들의 삶을 해학과 풍자로 그려 낸 걸작으로 꼽힌다. 동서양을 막론하고 많은 예술인들의 작품이 서민들의 삶과 그 궤를 함께하는 이유는 서민들의 삶의 모습을 꾸밈없이 잘 보여 주기 때문이다. 그런 의미에서 대구의 계산동은 대구의 예술 혼이 살아 숨 쉬는 장소라고 할 수 있다.

계산동은 옛날에 대구읍성의 남쪽 성곽 밖으로 난 길을 따라 발달한 동네다. 당시 평민과 농촌 사람들이 몰려 물건을 거래하고 성안에 볼일이 있는 이들이 묵어가는 곳이기도 했다. 성안에서는 볼 수 없는 시래기나 생나물 같은 농가 부산물과 두건, 갓 등의 물건들을 사고파는 거래가 활발했다. 숙박시설이나 음식점도 많았고, 음식점 뒷방에는 나그네나 상인들이 끼어 자는 모습도 흔했다고 한다.

그림 5-6 대구 근대문화체험관 계산예가(중구 계산동 소재) 전경과 1920년대의 교남(영남) 사중창단 단원들 사진
2013년 12월 21일 촬영
단원들 사진에서 단원들은 왼쪽 위부터 시계방향으로 현제명, 김태술, 권영화, 박태준 등이다. 계산예가 내에 전시된 사진을 재촬영한 것이다.

이곳은 양반들이 아닌 상인들이나 평민들이 사는 곳이었다. 때문에 사랑과 인정이 넘치고 서로 감싸 주는 따뜻함이 있었다. 그래서인지 계산동 일대에서는 근대 민족운동가와 예술가, 정치인 등 인재들이 많이 배출되었다. 이곳에서 예술 작업을 하거나 살다 간 예술가도 많다. 국채 보상 운동을 시작한 서상돈, 민족시인 이상화, 독립운동가 이상정, 서화의 대가 죽농 서동균, 작곡가 김진균, 소설가 현진건, 시인 신동집, 음악가 박태준, 영화인 김유영 등등, 일일이 손에 꼽기 힘들 정도다.

서화의 대가로 알려진 죽농 서동균은 향촌동에서 태어났지만 계산동에 화실을 열었다. 그는 구한말 시(詩) · 서(書) · 화(畫)를 비롯한 각종 예술에 능하다 하여 팔방미인으로 이름을 날린 서병오에게 서화를 배웠다. 서동균은 평생 대나무 그림만 그리겠다는 뜻으로 '죽농(竹農)'이란 호를 썼다. 그는 매화, 난, 국화, 대나무의 사군자 그림에서 상당한 경지에 올랐는데, 그의 죽음을 두고 '한국 서화의 종언'이라는 평가까지 내려질 정도로, 그는 한국 미술에 크게 공헌했다.

계산동에서 남성로로 이어지는 곳에는 음악가 박태원, 박태준 형제의 생가 터가 있다. 서양 음악을 한국에 도입하는 데 크게 기여한 박태원은 1917년 제일교회에서 대구 최초의 혼성 합창단을 구성해 발표회를 열기도 했으나, 스물넷의 나이로 요절해 주위를 안타깝게 했다. 「동무 생각」의 작곡가 박태준은 계성학교 교사로 근무하면서 빼어난 동요

들을 작곡해, 홍난파, 윤극영과 함께 당대 3대 동요 작가로 꼽히기도 한다.

이들 외에도 소설가 현진건, 시인 백기만과 신동집, 서양화가 이쾌대 등이 계산동에서 활동하면서 일대를 문화 향기로 가득하게 만들었다. 이처럼 계산동은 대구에서 근대 문화 지도를 가장 먼저 그려야 할 곳인데도 불구하고, 많은 예술가들의 생가나 작업실 등의 위치조차 정확히 짚어 내지 못하고 있는 것은 참으로 안타까운 일이다.

## 아시아 홈런왕과 대구 시민운동장

### 대구 시민운동장은 우리나라에서 가장 오래된 프로 야구장이다

미디어가 발달하고 사람들의 여가 활동이 늘어나면서 많은 스포츠 경기가 사람들의 이목을 집중시키고 있다. 그중에서도 우리나라에서 현재 가장 많은 관심을 끌고 있는 것은 뭐니 뭐니 해도 프로야구일 것이다. 2012년에는 프로스포츠 단일 시즌으로는 역대 최다인 600만 관중을 돌파하기도 했다. 가족 단위의 관중이 야구장을 많이 찾고 있으며, 새로운 데이트 및 모임의 장소로 야구장을 이용하는 사람들도 늘고 있다. 이제 프로야구는 시민들의 레저 문화의 한 축으로 자리 잡았다고 할 수 있다.

우리나라 프로야구에서 역사상 가장 많은 승리를 거두고 있는 팀은 대구를 연고로 하는 삼성 라이온즈다. 삼성 라이온즈는 1997년부터 2008년까지 12년 연속으로 포스트 시즌(시즌이 끝나고 상위 팀들 간에 최종 우승 팀을 가리는 단기전)에 진출할 만큼 명문 구단이다. 2011년 이후 3년 연속으로 정규 시즌에서 우승한 최초의 팀이기도 하다.

게다가 대구는 걸출한 야구 스타들이 대단히 많이 배출된 곳이다. 아시아의 대포 이승엽은 그중에서도 으뜸이다. 지난 2003년, 그는 일본의 야구 선수 왕정치가 가지고 있던 단일 시즌 55개 홈런 기록을 56개로 갱신하면서 전국의 야구장을 잠자리채의 물결로 뒤덮게 만든 주인공이다. 이승엽은 아시아 홈런 신기록을 세웠을 뿐만 아니라, 각종 국제 대회에 국가 대표로 참여하여 팀 승리에 결정적인 한방을 쳐 주어, 전 국민의 사랑을 받는 국민 타자이기도 하다. 2012년 시즌에는 8년간의 일본 생활을 마치고 돌아와, 현재 소속 팀인 삼성 라이온즈에서 활약을 이어 가고 있다.

하지만 이승엽을 비롯한 삼성 라이온즈 선수들이 홈구장으로 쓰고 있는 대구 시민운동장은 말하기 부끄러울 정도로 시설이 열악하다. 대구 시민운동장은 1948년에 개장하여 우리나라에서 가장 오래된 야구장이다. 10,000명의 관중을 수용할 수 있어 다

그림 5-7 대구 시민운동장 일대
2013년 11월 23일 촬영

른 구장에 비해 규모가 작다. 뿐만 아니라, 2006년에 실시된 시설물 감사에서 철거가 요구되는 등급을 받은 것을 비롯해, 화장실은 오래되어 악취가 심하고 위생 상태가 불량하며, 매점을 비롯한 편의 시설도 형편없다. 시설 환경이 비슷하던 광주는 이미 새로운 구장을 건설하여 2014년부터 새로운 구장에서 경기를 한다니, 대구의 현실은 아직 답답한 실정이다.

다행히 최근 새로운 야구장을 건설하기 위해 시와 기업이 적극적인 행동을 취하여, 대구 지하철 2호선 대공원역 주변에 그 부지를 선정하고 기공식도 마쳤다. 곧 본격적으로 새로운 야구장을 건설하기 시작해 2015년 하반기 중에 완공할 예정이라 한다. 새로운 야구장에는 다양한 편의 시설과 부대시설이 들어갈 예정이며, 인근의 월드컵 경기장과 연계하여 이 지역을 대구의 스포츠 메카로 키워 나갈 것이라 한다. 이곳은 지하철역이 연계되어 있어, 기존의 시민운동장보다 시민들의 접근성도 더 나을 것이다.

현재 대구 시민운동장은 야구장 시설을 포함해 주변의 시설들도 많이 낙후되어 있다. 새로운 야구장 건립뿐만 아니라 이곳의 재개발 방향도 같이 수립한다면, 대구시의 모습을 새롭게 디자인할 기회가 될 수 있다.

최근 대구 체육계의 성과는 비록 미미한 수준이지만, 앞으로는 달라질 것이다. 특히 '2011 대구 육상 선수권 대회'를 계기로 대구를 육상과 체육의 도시로 거듭나게 하려는 움직임이 곳곳에서 나타나고 있다. 앞으로는 뛰어난 몇몇 사람들에 의해서가 아니라, 꾸준한 저변 확대와 장기적인 지원을 통해 시민들 모두가 동참하고 이끌어 나갈 수 있는 수준 높은 체육 문화가 만들어지도록 노력해야 하겠다.

## 뮤지컬과 오페라, 대구 문화에 날개를 달다

### 대구는 공연 문화의 중심지로 성장할 수 있는 잠재력이 크다

> 주인공이자 의대생인 여학생은 뮤지컬을 접고 내려오라는 아버지의 전화를 받고 고향인 대구로 향하였다. 그녀의 아버지는 여학생이 보장된 미래를 버리고 뮤지컬을 하겠다는 것에 잔뜩 화가 나 있는 상태다. 여학생은 아버지를 만나 뮤지컬이 하고 싶다고 눈물로 호소했지만, 아버지는 미동도 하지 않았다.

이는 2011년 9월부터 방영된 드라마 〈더 뮤지컬〉의 한 장면을 설명한 것이다. 이 드라마의 주요 무대는 대구이다. 이 드라마는 당시 대구가 뮤지컬의 도시로 확실하게 자리 잡았음을 확인하고 또 널리 알려 주었다.

대구국제뮤지컬페스티벌(DIMF)이 해마다 열리고 있다. 벌써 2012년에 6회째를 치러 냈다. DIMF 기간 동안 대구 동성로의 소극장은 저마다 수많은 관객들로 발 디딜 틈조차 없다. 물론 축제가 끝난 다음에도 새로운 뮤지컬을 보기 위한 관객들의 행렬은 끊이지 않는다. 이곳의 공연을 한 번이라도 접한 사람들은 아날로그 속성의 공연 예술이면서도 대중적인 재미를 동시에 담아 내는 뮤지컬만의 매력에 흠뻑 빠지게 된다.

대구 공연 문화의 또 하나의 축인 대구국제오페라축제는 2012년에는 무려 10회째를 맞이했다. 오페라의 저변 확대와 문화 정착에 힘을 쏟았던 초반을 지나 이제는 오페라의 본산지라 할 수 있는 독일과 터키 등 해외로 오페라를 수출할 정도로 그 위상이 높아졌다.

대구국제뮤지컬페스티벌과 대구국제오페라축제는, 해가 갈수록 완성도가 높아지는

그림 5-8 대구 오페라하우스(좌)와 뮤지컬 〈맘마미아〉 포스터(우)
2012년 5월 21일 촬영
뮤지컬 〈맘마미아〉의 대구 오페라하우스의 공연은 지방 공연 역사상 최장 기간, 최다 횟수의 공연을 기록하였다.

참가작들의 수준도 그렇지만, 공연장마다 객석을 가득 메우고 박수와 환호를 아끼지 않는 관객들의 모습이 대단히 인상적이다. 우리 사회의 지나친 서울 · 수도권 중심 구조에서 발생하는 여러 가지 문제점을 생각한다면, 짧은 기간에 안정적으로 자리매김한 두 축제의 성과는 눈으로 보이는 것 이상이라 할 수 있다. 게다가 단순히 수도권에서 인기를 누렸던 콘텐츠를 가져다 티켓만 팔고 소비하는 데 그치지 않고, 자체적인 제작 여건을 갖추고 전국적인 수준에서 작품을 발굴하고 제작을 지원하는 생산자로서의 역할로까지 영역을 확장시킨 점 또한 괄목할 만하다.

대구는 시설 면에서도 대구 오페라하우스 및 수성아트피아, 계명문화센터 등, 지역의 곳곳에 대규모 공연을 할 수 있는 곳이 갖추어져 있다. 도심에 위치한 시민회관도 최근 리모델링을 마치고 재개관을 하였다. 앞으로는 대구 곳곳에서 크고 작은 공연을 더욱 쉽고 다양하게 접할 수 있을 것이다.

이런 가시적인 성과의 이면에는 앞으로 대구가 진정한 문화 중심 도시로 나가기 위해 헤쳐 나가야 할 난관 또한 적지 않다. 2011년 이후 문화 축제 관련 예산이 점차 줄어들고 있다. 전문가들은 대구의 문화 축제들이 겉으로는 화려하나 내실이 없는 축제로 전락할 것을 우려하고 있다. 또한 대구 오페라하우스에서 열리는 공연이 월 평균 3~4건에 그치는 경우가 적지 않아 효율적인 운영이 되지 않고 있다는 지적도 많다. 순수 예술이 지닌 예술성을 지키고 보존하며 지역의 문화 역량을 키우기 위해서 행정 기관과 시민들의 아낌없는 관심이 필요하다. 또 지역을 대표할 수 있는 문화 콘텐츠를 개발하는 데에도 많은 투자와 노력이 이어져야 한다.

—

## 더 알아보기

1. 대구의 예술가들이 계산동에 모여 있었던 이유를 생각해 보자.
2. 대구 시민운동장과 그 주변 지역의 바람직한 재개발 방안에 대해 이야기해 보자.
3. 대구의 뮤지컬과 오페라 산업이 발달하기 위해 필요한 것들을 생각해 보자.

# 대구의 맛과 멋

대구의 음식은 대구를 닮아 화끈하고 얼큰하다. 대구는 다른 지역에 비해 음식 문화가 발달하지 못했다는 평가를 받기도 하였다. 그런데 대구는 숨어 있는 서민 음식이 다양하고, 음식뿐만 아니라 장소가 주는 맛도 함께 느끼게 하는 음식 골목이 발달하였다. 이는 다른 지역과는 차별되는 대구만의 특징이다.

## Colorful Daegu, Colorful Food

대구의 음식은 화끈하고 얼큰하며 서민적이다

'화끈함', '얼큰함'.

이는 대구의 음식을 설명할 때 빠지지 않는 단어들이다. 실제로 중구에 있는 수많은 음식점의 주 메뉴에서 매운맛의 음식이 절반에 이르며, 2007년 대구시에서 선정한 '대구 10미(味)' 중에는 매운맛이 나는 음식이 7가지나 된다. 『한국민속대사전』에도 '대구식 대구탕(大邱式 大口湯)'으로 대구탕반(大邱湯飯)이 소개되어 있는데, 다른 지역의 대구탕보다 맵고 얼큰한 것이 특징으로 기술되어 있다. 대구시에서는 2010년부터 대구 음식을 대표하는 통합 브랜드로 '대찬맛'을 선정하여 홍보하고 있다. '대찬맛'이란 '맵고 화끈한 맛으로 유명한 대구의 올곧은 선비 정신으로 국난을 극복한 고장의 맛'을 의미한다. 이쯤 되면 대구의 음식은 매운 것으로 시작해 매운 것으로 끝난다고 해도 과언이 아닐 것이다.

대구 음식의 이런 특징은 자연환경에서 그 원인을 찾을 수 있다. 대구는 내륙에 위치한 도시로, 여름은 덥고 겨울은 추운 대륙성 기후 지역에 속한다. 게다가 지형적으로 분지 형태를 띠고 있어, 여름에 더위가 가중되고 겨울에는 추위가 심하게 나타난다. 대구의 음식은 이 때문에 화끈하고 얼큰한 특징이 나타난 것이라 할 수 있다.

대구의 음식은 서민적이고 소박한 면도 지니고 있다. 대구는 지리적으로 바다와 인접해 있지도 않고, 전라도 지역처럼 대규모의 평야가 발달하지도 못하기 때문에 지역에서 나오는 농산물이 풍부하지도 못하였다. 역사적으로도 대구에는 지주가 적고 자작농이 많았기 때문에, 대구의 음식 문화는 양반들이 먹는 고급 먹거리보다 서민들이 쉽게 먹을 수 있는 기본 농산물로 이루어진 간단한 음식이 중심이었다. '대구 10미'에 선정된 음식들은 하나같이 서민들이 쉽게 접할 수 있는 재료로 만드는 것이다. 인구 대비 밀가루와 국수의 소비량이 전국에서 가장 많은 곳이 대구다. 이러한 것들은 대구의 서민적인 음식 문화의 일면이라 할 수 있다.

그렇다면, 대구 하면 생각나는, 대구의 대표 음식은 과연 무엇일까? 먼저 대구의 맵고 화끈한 맛으로 유명한 찜갈비가 첫 번째로 꼽힐 수 있다. 사실 찜갈비의 시작은 그리 오래 거슬러 올라가지 않는다. 1960년대 후반 대구의 대표적인 식당가는 동산동 실골목 안의 진갈비와 계산땅집의 갈비 · 불갈비로 전성기를 맞이하고 있었다. 찜갈비도 그 연장선상에서 나타난 음식이다. 현재 찜갈비집들이 모여 있는 동인동은 일제강점기 때에는 종합운동장과 수영장이 있던 일본인 거리였다. 광복 이후에 평범한 주택가에 불과했던 이 거리에 찜갈비의 유행을 타고 찜갈비집이 하나둘씩 생기기 시작하면서, 이곳은 찜갈비 골목으로 발전하게 되었다.

따로국밥도 대구가 내세울 만한, 대구의 대표 음식이다. 사실 맛으로만 본다면 대구를 대표하는 음식으로 찜갈비가 손색이 없긴 하지만, 1인분에 2만 원을 훌쩍 넘기는 가격 때문에 일반 서민들이 마음 놓고 즐기기는 어렵다. 하지만 따로국밥은 그보다 훨씬 저렴한 가격에 충분히 배를 채울 수 있는 서민적인 음식이다.

따로국밥은 국과 밥이 따로 나온다고 해서 붙여진 이름이다. 하지만 처음 만들어질 때부터 국과 밥이 따로 분리된 형태는 아니었다. 대구의 국밥도 다른 지역처럼 국에 밥을 만 그냥 국밥일 뿐이었다. 하지만 6 · 25 전쟁이 터지고 대구에 전국 각지에서 각계각층의 피난민이 몰려들자 상황이 바뀌게 되었다. 양반 출신의 피난민들이 국에다 밥을 말아서 내놓은 국밥을 '상놈들이 먹는 음식'이라 하여 문제 삼았기 때문이다. 이후로 식당 직원들은 실수를 하지 않으려고 손님들로부터 메뉴를 주문 받은 뒤 음식을 내놓았고, 여기서 '국 따로 밥 따로'인 '따로국밥'이 탄생했다.

대중적으로 널리 알려지지는 않았지만, 연근을 이용한 연 요리도 대구를 대표하는 음식이다. 특히 연 요리의 재료인 연근의 생산량이 가장 많은 곳이 대구인 만큼 연 요리

그림 5-9 동인동 찜갈비(좌)와 따로국밥(우)

2014년 5월 12일 촬영

찜갈비는 매콤한 양념에 버무린 소갈비를 찌그러진 양푼이에 조리해서 만든 것으로, 대구의 동인동 일대에 찜갈비 식당이 밀집해 있다. '따로국밥'은 밥고 국을 따로 먹는다 해서 붙은 이름으로, 사골과 사태로 만든 육수에 고춧가루와 마늘을 넣어 얼큰하고 뒷맛이 개운하다.

재료 수급에 유리한 조건을 갖추고 있기도 하다. 대구가 전국 최대의 연근 생산지가 된 이유는 연 재배의 주요 요소인 점토질 토양, 충분한 물, 무더운 기후 등의 요소가 대구 동구 반야월 일대의 습지에 잘 갖추어져 있기 때문이다. 대표적인 연 요리에는 연밥, 연근 장아찌, 연죽 등이 있으며, 최근에는 연근 돈가스와 연근 완자 등도 개발되어 소비자들의 선택의 폭을 넓히고 있다.

'화끈함'과 '얼큰함'을 넘어서 '다양함'과 '소박함'을 가지고 골목과 음식점에서 주민들의 일상생활 속에 깊숙하게 자리 잡은 대구 음식, 이를 하나의 단어로 규정하기는 힘들 것이다. 그런 면에서 대구시의 슬로건 중 하나인 '컬러풀 대구'가 대구의 음식에도 적용되어 '컬러풀 대구 푸드'라고 이야기할 수도 있지 않을까?

## 온갖 맛이 쏟아지는 골목으로 가요

### 대구에는 음식의 가짓수만큼이나 많은 음식 골목이 있다

대구는 저마다 독특한 역사와 이야기를 가진 음식 골목이 많은 것으로 유명하다. 대구에는 약 1,000개의 골목이 있으며 그중 상당수가 음식과 관련된 골목이라고 한다. 따라서 대구의 음식 문화를 이해하기에 골목만큼 좋은 것도 없을 것이다.

일제강점기 때 달성 서씨의 세거지였던 진골목은 현재 대구에서 가장 긴 골목길이다.

그림 5-10 대구의 주요 음식 골목(2013년 12월 현재)

1. 복현오거리 막창 골목 2. 평화시장 닭똥집 골목 3. 동인동 찜갈비 골목 4. 교동시장 5. 진골목 6. 덕산동 떡전 골목 7. 북성로 불고기 골목 8. 남문시장 보쌈 골목 9. 반고개 무침회 골목 10. 서부정류장 막창 골목 11. 안지랑 곱창 골목 12. 앞산 맛둘레길 13. 들안길 먹거리 타운

경상도 방언으로 '길다'를 의미하는 '질다'에서 그 이름의 기원을 찾을 수 있다. 진골목은 조선시대에도 있던 곳으로, 1905년 대구읍성이 있었던 당시의 지도에도 표시되어 있다. 현재 진골목에는 대구 최초의 2층 양옥집인 정소아과 의원 건물을 비롯한 근대 문화재와 전통 한옥들이 많이 남아 있어서, 약전골목과 함께 관광 상품으로 각광받는 골목이다. 게다가 오랜 전통을 가진 미도다방과 전국적인 명소로 주목받았던 진골목 육개장집을 비롯한 많은 식당들이 골목에 늘어서 있어서 훌륭한 경관과 푸짐한 먹거리가 어우러진 곳이다.

6 · 25 전쟁과 함께 규모가 커진 교동시장은 서민적인 먹거리가 가득한 골목이다. 6 · 25 전쟁 당시 미군 부대에서 나오던 미 군수품을 토대로 성장했던 교동시장에 맨 처음 등장한 먹을거리는 부산어묵과 떡볶이, 단술, 그리고 꿀떡이었다. 이후에 순대가 등장하고, 그 유명한 교동 납작만두가 1980년대에 등장해 이 지역의 명물로 자리매김했다. 맨 마지막으로 가세한 메뉴가 김밥이다. 이처럼 이곳에서 파는 음식들은 하나같이 추억을 자극하는 서민적인 음식들이다.

대구에는 떡집이 모여 있는 골목도 있다. 덕산동 일부 지역에 맞물려 '덕산시장'으로

도 일컬어지는 염매시장이 바로 그곳으로, 서울 낙원상가와 함께 자타가 공인하는 한국 최대의 떡 골목이다. 염매시장은 서울로 통하던 영남대로가 지나갔기 때문에 늘 사람들로 북적거렸다. 이곳의 입지를 보고 일제강점기 초에 일확천금을 노린 일본 사업가들이 투자를 많이 했던 곳이기도 하다.

대구시 동구의 파티마병원 서쪽에는 젊은이들의 술안주로 널리 사랑받는 평화시장 닭똥집 골목이 있다. 평화시장 주변은 일제강점기 때 포항-영천-동촌-아양교-칠성시장으로 연결되는 신작로 주변으로, 대구에서도 대단히 낙후된 곳 중 하나였다. 1969년에 동대구역이 들어서면서 조금씩 발전해 나가다가, 삼아통닭을 시작으로 해서 우후죽순처럼 닭똥집 음식점이 모여들기 시작해 현재에 이르렀다. 지금은 오히려 골목이 있는 평화시장보다 닭똥집 골목이 더 유명해져서, 대구시는 2008년 가을에 이 거리를 '닭요리 전문 명물거리'로 지정하고 풍물거리 간판 31개를 달아 주기도 했다.

비교적 최근에 형성된, 고급스럽고 잘 정돈된 대규모의 음식 골목도 있다. 1990년대로 접어들면서 도심 교통 및 주차난 등으로 인해 중구의 명품 음식점들이 수성구로 대거 집단 이주를 시작했는데, 그곳이 바로 우리나라의 대표적 먹거리 타운으로 유명한 들안길이다. 주변에는 인근 주민들이 새벽 조깅이나 저녁 산책, 심야 운동을 즐기며 각종 연주, 공연 등 문화행사가 이어지는 레저파크 기능을 하는 수성유원지와 수성못 등이 있어, 이곳 일대에서 식사와 함께 휴식과 관광도 즐길 수 있다.

그 밖에도 동인동 찜갈비 골목, 북성로 불고기 골목, 남문시장 보쌈 골목, 막창 골목 등등…, 대구에는 그 이름을 일일이 대기에도 숨이 찰 만큼, 먹을거리를 주제로 한 골목이 많다. 대구를 좀 더 진하게 맛보고 대구의 문화를 깊이 알고 싶다면, 이런 골목들을 찾아 여행을 다녀 보는 것도 괜찮겠다.

## 대구 사람들의 풍류

문화의 화수분이었던 다방의 역사를 간직한 '차 문화의 도시', 대구

대구의 투박한 이미지와 먹을거리가 부족하다는 선입견 때문에 생소하게 들릴지 모르지만 대구는 '차 문화의 도시'라고 할 만큼 차 문화의 역사와 전통이 깊은 곳이다. 커피명가, 다빈치 등 대구에서 시작된 커피 프랜차이즈가 전국적으로 뻗어나간 밑바탕에는 오래전부터 형성된 차 문화가 자리 잡고 있기도 하다.

그림 5-11
2013 수성 페스티벌 '1,020m 김밥 말기 한국 기네스북 도전' 행사
출처: 대구광역시 수성구청 블로그
(http://blog.naver.com/suseongblog)

우리나라에서 가장 먼저 커피를 마신 사람은 익히 알려진 대로 고종 황제이다. 고종 황제의 총애를 받던 독일인 손탁은 고종 황제의 지원을 받아 러시아 공사관 옆에 다방을 만들게 되는데, 이것이 우리나라 제1호 찻집인 정동구락부이다. 그렇다면 대구 최초의 찻집은 어디일까?

대구에서 태어난 화가 이인성은 1936년에 예전 아카데미 극장 옆에 아루스다방을 열어 차 문화의 시작을 알렸다. 아루스다방은 서울을 제외하고는 가장 이른 시기에 생겨난 다방이다. 이후 북성로와 향촌동 일대에 많은 다방들이 생겨나기 시작했는데, 이들 다방은 특히 문인들과 예술인들이 많이 찾아 교류를 했던 곳이다. 흔히 유럽 문화와 예술의 화수분이 카페라고 이야기한다. 유럽의 예술가들이 카페에 모여 대화와 사색을 공유하면서 새로운 예술의 영감을 얻었던 곳이 카페였다. 대구의 다방도 마찬가지 역할을 했다. 말하자면 그 시절의 다방은 대구 근대 문화의 불씨가 피어난 공간이다.

1970년대 산업화와 함께 다방의 문화도 조금씩 변화되기 시작했다. 고풍스러운 느낌의 다방이 점차 밀려나고 현대식의 커피숍이 생겨나기 시작한 것이다. 여성들의 지위가 조금씩 향상되어 가면서 여성들을 대상으로 하는 커피숍도 생겨나기 시작했고, 원두커피를 직접 갈아서 판매하는 곳도 나타났다.

이 같은 변화는 1980년대로 들어오면서 더욱 급격해져서 다방은 차를 마시고 이야기하는 곳뿐만 아니라 당시 유행하던 음악을 들을 수 있는 음악감상실의 역할도 겸하게 되었다. 음악 DJ가 생겨나서 손님들의 원하는 음악을 들려주는, 영화에서나 볼 수 있는 풍경을 직접 경험할 수 있던 때가 바로 그 시절이다.

지금은 이들 다방 중 온전한 모습으로 남아 있는 것은 거의 찾아볼 수가 없다. 진골목에 위치한 미도다방 정도가 아직도 비교적 큰 규모로 운영되고 있을 뿐이다. 프랑스

그림 5-12
현재도 운영되고 있는 미도다방 내부 모습
2011년 5월 1일 촬영

와 이탈리아에 있는 카페에는 과거 그곳에 머물렀던 예술가들의 숨결을 느끼고 싶은 사람들의 발길이 지금도 끊이지 않는다. 서울에도 대학로의 학림다방과 같은 곳은 아직도 옛 모습을 간직하고 있어, 7080 세대들의 향수를 불러일으키고 있다. 젊은 사람들도 그 시절을 체험해 보고 싶어 이곳을 많이 찾고 있다. 대구에서 이인성이 처음으로 다방을 연 지 30년이 훌쩍 넘었다. 그 시절의 추억과 향기를 느낄 수 있는 장소들이 대구에는 거의 사라지고 없다는 점은 애석한 일이다.

## 더 알아보기

1. 대구를 대표하는 음식을 하나 정해 보자. 그리고 그 음식의 장점과 지역 대표 음식으로서 더 보완해야 할 점에 대해 생각해 보자.
2. 대구근대골목투어에 참여해 보고, 가장 인상 깊었던 공간에 대한 자신의 느낌을 이야기해 보자.

# 대구의 문화 경관

대구에는 유교에서부터 불교, 천주교, 기독교 등 다양한 종교들을 대표하는 유적들이 도시 곳곳에 분포하고 있다. 또한 잘 보전되고 가꾸어진 전통마을도 있어, 이곳에서 조상들의 삶을 가까이에서 느껴 볼 수 있다.

## 도동서원에서 유교의 본질을 보다

도동서원은 유교 정신을 읽을 수 있는 서원 건축의 백미이다

윗사람을 공경하고 국가에 헌신하며 서로 간의 예를 지키는, 우리가 당연하다고 생각되는 문화의 뿌리에는 유교가 있다. 유교 문화가 찬란히 꽃피웠던 과거 조선시대에, 서원은 유교 문화의 메카와도 같았다. 조선시대에 650개가 넘었던 서원이 지금은 많이 줄었지만, 아직도 그곳을 찾는 우리에게 많은 가르침과 마음의 안정을 주고 있다.

서원은 과거 조선시대에 저명한 유학자나 공신들의 학문과 그 덕행을 추모하고, 유생들을 교육함과 동시에 향촌 사회를 교화했던 곳이다. 서원이라 하면 안동의 노산 서원이나 영주의 소수 서원을 떠올리게 되지만, 대구에도 그 서원들과 어깨를 나란히 하는 도동서원이 있다.

대구 달성군 구지면 도동리에 있는 도동서원은 조선시대 유학자 한훤당 김굉필(1454~1504)의 학문과 덕행을 추모하기 위하여 세워진 곳이다. 김굉필은 정여창, 조광조, 이언적, 이황과 함께 조선시대에 동방 5현의 한 사람으로 추앙받은 인물이다. 원래 김굉필을 배향하는 서원은 지금의 '도동서원'이 아닌 현풍면 비슬산 기슭에 '쌍계서원'이라는 이름으로 1575년에 사액(임금이 사당, 서원 등에 이름을 지어서 새긴 현판을 내리던 일)되었으나, 1597년 임진왜란 중에 불타 없어졌다. 이후 선조 37년(1604년) 지금의

그림 5-13 도동서원 전경
출처: 대구광역시 달성군청 제공

자리에 사당을 지어 당시의 지명을 붙여 '보로동서원'이라 불렀고, 후에 선조가 이 서원에 '도동서원'이라고 사액하였다. '도동(道東)'은 '공자의 도가 동쪽으로 왔다'는 의미로, 도학이 김굉필로부터 시작되었음을 기리는 이름이다. 고종 2년(1865년)에 흥선대원군이 전국에 47개 서원과 사당만 남기고 모두 철폐할 때에도 없어지지 않은, 조선 5대 서원의 하나이다.

도동서원은 조선시대 지배 이념인 성리학의 사상과 규범이 건축적으로 완벽하게 표현되어 있어, 한국 서원 건축의 백미로 꼽힌다. 성리학적 사상과 규범이란 인간관계에 서열을 정하는 것이다. 조선시대 성리학자들은 건축마저도 인간들의 관계로 의인화하여 서열을 매기고 위계화하였다. 도동서원의 각 영역과 건물들에도 성리학적 위계적 규범이 철저하게 표현되어 있다. 즉, 사당-강당-동재-서재-전사청의 순서로 앞의 것이 뒤의 것보다 더 높은 곳에, 더 큰 규모로, 더 화려하게, 더 튼튼하게, 더 독립적으로 건축된 것이다. 사당은 존경하는 선현을 모시고 그의 사상과 행동을 본받고자 하는 추모의 공간이다. 강당과 동재와 서재에서 공부하는 유학자들의 삶의 본보기이자 서원 운영의 정신적 지주가 되는 공간인 것이다. 따라서 교육 공간보다 더 화려하게 장식하고 높은 곳에 지어 위계를 나타낸 것이다.

도동서원은 유교적 규범과 예법에만 충실한 것이 아니라 서원 전체 건물들이 대칭과 균형을 이루어 배치되어 있기 때문에, 오늘날 건축적으로도 높은 평가를 받고 있다. 즉, 수월루-환주문-중정당-내삼문-사당 등으로, 중요한 건물과 마당을 순차적으로 나란히 배치하고 이를 길과 계단으로 연결함으로써 하늘에서 내려다보았을 때 하나의 큰 중심축을 형성하고 있다. 그리고 이 중심축을 바탕으로 좌우의 건축물이 대칭을 이루고 있다. 이는 '어느 한쪽으로 치우치지 않으려는' 중용(中庸)의 유교적 행동 규범을 건축적으로 표현한 것이다. 성리학에서 중용은 여러 갈래의 가지가 하나의 큰 줄기에 통합되는 것처럼 사회를 통합하는 의미를 지니고 있음을 생각해 볼 때, 도동서원의 이 같은 대칭과 균형의 미는 성리학적 질서를 잘 반영한 것이라 할 수 있다.

이처럼 도동서원은 위계와 대칭의 조화를 통해 일반적인 서원 건축의 틀을 넘어서 유교의 본질을 구현한 완성도 높은 건축물이라 할 수 있다. 다른 지역의 유명한 서원들이 아니라 대구의 도동서원에서 그 옛날 선비들의 정신을 느껴 보는 것은 어떨까?

## 동화사에서 부처의 미소를 가슴에 품다

### 대구의 큰 산인 팔공산의 동화사는 조계종의 본사이다

우리나라의 국교(國教)는 무엇일까?

정답은 '없다'이다. 하지만, 멀리 신라 시대나 고려 시대로 거슬러 올라가면, 우리나라의 국교는 불교였다. 지금도 전국 각지에 있는 이름난 사찰이 많이 있고, 그곳에는 기도를 하거나 여행을 하기 위한 사람들로 늘 북적인다. 또 불교인이 아니더라도 TV에서 사찰을 배경으로 하는 프로그램이 나오는 것에 위화감을 느끼는 사람은 많지 않다. 이는 오래전부터 우리가 불교를 가까이에 두고 살아 왔기 때문일 것이다.

대구에도 그 가까이에 위치하여 편히 가서 기도를 드리고 수양을 하거나 산책을 할 수 있는 사찰이 많다. 그중에 동화사는 대한불교 조계종의 제9교구 본사로 그 의미가 특별하다. 동화사는 신라 제41대 헌덕왕의 아들로 태어나 15세에 출가한 심지대사가 창건했는데, 이후 금산사, 법주사와 함께 법상종의 3대 사찰로 자리 잡았다. 원래 '유가사'라는 이름이었으나, 심지대사가 창건할 당시, 주변에 '오동나무가 만발하였다' 하여 '동화사(오동나무 동[桐], 꽃 화[華])'라는 이름으로 바꿨다.

동화사 주불전 정면에 있는 누각인 봉서루로 오르는 계단 한가운데는 가운데가 옴폭 파인 암반이 놓여 있고 그 안에 둥근 모양의 돌이 있다. 암반은 상상의 새인 봉황

그림 5-14 동화사 전경
출처: 동화사 홈페이지(http://www.donghwasa.net)

의 꼬리에 해당하고 둥근 돌은 알을 상징한다. 전설에서 봉황은 오동나무에 둥지를 튼다고 하는데, 동화사가 바로 오동나무와 관련된 이름을 가지고 있는 것과 연관이 있다.

동화사의 내부 공간은 중앙의 대웅전 영역, 수마제전과 극락전이 있는 선원 영역, 그리고 근래에 조성한 통일약사여래대불(이하 통일대불) 영역 등으로 크게 세 부분으로 구분할 수 있다. 대웅전 영역은 동화사의 가장 중심이 되는 영역으로 대웅전을 비롯해서 봉서루, 심검당, 강생원, 원음전 등 주요 건물이 배치되어 있다. 대웅전 영역에서 오른쪽으로 400m쯤 떨어진 곳에 위치한 선원 영역은 극락전과 함께 주변의 석탑 2기, 금당선원과 요사가 위치한 곳이다. 금당선원의 뒤편에는 앞면과 옆면 각 1칸씩의 건물인 수마제전이 있다. 이곳은 평소 일반인에게는 출입이 금지된 곳이다. 통일대불 영역은 통일대불을 중심으로 성보 전시관과 관련 건물이 위치하고 있는 곳이다. 이곳의 통일대불은 그 높이만도 무려 33m, 최대 둘레가 16.5m에 이르고, 통일대불에 이르는 계단만도 108단으로 조성되어 있다.

동화사로 들어가는 길은 두 갈래다. 집단시설지구 쪽의 동화문과, 동화사로 가는 본래의 산길이었던 봉황문을 통하는 길이다. 보통 손쉽게 들어가는 길이 집단시설지구 쪽에서 동화문을 통해 바로 대웅전 쪽으로 가는 길이다. 그러나 산사로 가는 즐거움과 주변의 경치는 아래쪽의 봉황문을 통하는 길이 훨씬 좋다. 봉황문이 있는 동화사의 동편 입구 구(舊)주차장의 동쪽 암벽의 높은 곳에는 보물 제243호인 마애불좌상이 바위에 새겨져 있다. 제작 시기는 통일신라시대로 추정하고 있다. 머리와 상체는 입체감 있게 표현하고, 머리 뒤쪽의 빛을 표현한 부분(광배)와 불상 아래쪽의 받침(대좌)는 얕게 파서 조각 수법이 섬세하고 부드럽다.

팔공산에는 동화사 외에 파계사, 은해사와 같은 많은 사찰이 곳곳에 자리하고 있다. 하늘 높은 맑은 날, 천년을 넘게 한자리를 지켜 온 이들 사찰의 곳곳을 돌아보며 부처의 생각을 품어 보는 것도 좋은 경험이 될 것이다.

## 계산성당에서 김수환 추기경을 추억하다

### 계산성당은 많은 인물들과 함께 대구의 역사를 만들어 왔다

대구 시민들에게 대구 도심에서 가장 아름답고 역사적인 공간을 묻는다면, 아마 많은 이들이 계산성당이라고 말할 것이다. 또한 계산성당 주변 지역은 도심지에서 유일하게 문화재보존지구로 지정된 곳이다.

계산성당은 외국인 선교사가 대구에서 처음으로 공개적으로 미사를 집전할 수 있게 된 곳이다. 조선시대는 천주교의 탄압이 심했던 시기였기 때문에, 천주교 신자들은 대부분 쉽게 도피할 수 있고, 중심지와 떨어진 골짜기를 택해 모여 살았다. 이 때문에 프랑스의 바오로(Paul Robert)도 1885년에 대구의 초대 신부로 부임한 이후 시내 곳곳에 은신하면서 선교 활동을 했다. 그러던 중, 1896년 프랑스와 조선 정부 간에 조약이 맺어지자 공식적으로 전도할 수 있게 되었고, 이에 따라 미사를 볼 수 있는 성당 부지를 찾게 되었다. 처음에는 대구 여기저기에 산재되어 있던 낮은 구릉지 중 한곳을 성당의 후보지로 고려하였는데, 노인층 신자들을 고려하여 시내에서도 제일 저지대였던 지금의 계산동 일대의 평지에 계산성당을 짓게 되었다.

계산성당의 원래의 이름은 성모성당이었다. 그러나 이는 '천주'를 모시지 않고 '성모마리아'를 모신다는 오해가 있어, 지역의 지명을 딴 계산성당으로 고쳤다. 현재 계산성당 자리에는 근대적 교육기관이라 할 수 있는 해성재(海星齋, 현재 효성초등학교의 전신)가 있었는데, 지금은 계산문화관으로 사용되고 있다. 효성초등학교는 송현동으로 이전하였다. 효성초등학교를 시작으로 현재의 대건중고등학교, 효성(여)중고등학교, 대구가톨릭대학 등의 많은 근 · 현대 교육기관이 설립되었다.

그림 5-15 계산성당
2013년 11월 16일 촬영

과거에 계산성당에는 샘이 있어서 남산동을 비롯한 주변에서 시민들이 물을 길으러 왔다고 한다. 또한, 계산성당은 1994년에 교황 바오로 2세가 방문한 곳이기도 하다. 성당 남쪽에는 이인성 화백의 그림에 등장하기도 한 감나무가 '이인성 나무'로 지정되어 보호받고 있다. 천주교의 큰 인물인 고(故) 김수환 추기경도 계산성당과는 떼려야 뗄 수 없는 역사를 공유하고 있다.

김수환 추기경은 대구 남산동에서 태어나 대구 성 유스티노 신학교에서 공부하고 대구 계산성당에서 사제 서품을 받은, 대구가 낳은 위대한 종교인이다. 군위, 대구, 서울, 부산 등을 오가며 신학 공부에 매진한 김수환 추기경은 1951년에 대구 계산성당에서 사제 서품을 받고 신부가 되었고, 1969년에 마흔일곱 살의 나이로 동아시아에서는 세 번째로, 우리나라 최초로 추기경이 되었다. 김수환 추기경은 이 시대 마지막 유생인 심산 김창숙 선생의 묘소를 찾아 유교식으로 술을 따르고 재배하는 등, 열린 마음으로 다른 종교를 이해하려고 노력하였고, 생활 속에서 가톨릭 정신을 전통과 조화롭게 실천함으로써 한국 가톨릭의 융성을 이끌었다.

2009년 2월 16일, 김수환 추기경은 선종하기 직전에 각막을 기증함으로써 모든 국민들에게 사랑과 나눔이 어떤 것인지 확실히 각인시켜 주었다. 항상 가난한 자, 소외받는

자의 편에 서서 끝없이 베풀었던 김수환 스테파노 추기경, 그는 대구가 낳은 '위대한 큰 바보'로 우리들 가슴속 깊이 영원히 남아 있을 것이다.

## 동산에 올라 대구의 근대를 느끼다

동산에는 기독교 정신과 근대를 느낄 수 있는 여러 문화 유적들이 있다

맑은 날 저녁, 차를 타고 앞산순환도로를 지나노라면 아름다운 대구 야경에 눈을 뗄 수가 없다. 두류공원에 솟은 대구타워와 신천대로를 따라 줄지은 가로등은 특히 눈에 띄는 경관이지만, 대구 여기저기서 빨갛게 빛나는 교회의 십자가도 은근히 아름다운 야경의 한 축을 담당하고 있다. 모든 십자가가 경중을 따질 수 없는 무게를 지니고 있겠지만, 그중 가장 의미가 있는 하나를 고르라면 제일교회의 십자가일 것이다.

19세기 말 혼란기에 조선에 들어온 목사 아담스와 의료 선교사 존슨은 1898년에 교인 7명과 함께 대구지역에 처음 교회를 설립하였다. 그 이름은 '야소교회당(耶蘇教會堂)'이었는데, 이후 대구에서 제일가는 교회라 하여 '제일교회'로 이름을 바꾸었다. 제일교회는 오랜 기간 동안 대구 기독교 사회의 중심적 역할을 담당했다. 1994년에는 지금의 동산 자리에 제일교회가 증축되어 이전하였고, 과거의 교회당은 현재 약령시 박물관 옆에 남아 있다.

제일교회가 단순히 종교적인 중심에만 머물렀다면, 그냥 오래된 교회 그 이상도 이하도 아니었을 것이다. 하지만 우리나라가 어려운 시기에 제일교회는 지역 사회의 구심적 역할을 톡톡히 해냈다. 기독교가 우리 사회의 난관을 극복하는 데 기여한 예로 대표적인 것이 1919년에 일어난 3 · 1 운동이다. 기미독립선언문에 서명한 민족대표 33인 가운데 16인이 기독교 관련 인물이었다는 것이 이를 증명해 준다. 이러한 경향은 대구 또한 마찬가지여서, 기독교인들이 선두에 서서 대구의 3 · 1 운동을 이끌었다.

대구에서는 1919년 3월 8일에 섬유회관 건너편(구 동산파출소 자리)과 현 의료선교박물관에서 3 · 1 운동이 시작됐다. 현재 섬유회관 건너편에서는 당시 이만집 대구 제일교회 목사가 독립선언서를 낭독하며 3 · 1 운동을 이끌었고, 현재 의료선교박물관이 있는 자리에서는 당시 계성학교와 신명학교 교사와 학생 등이 집결해 3 · 1 운동을 주도했다. 그들은 태극기를 흔들며 "조선 독립 만세!"를 외쳤고, 구 대구경찰서와 종로, 약전골목, 중앙파출소, 현 대구백화점 등으로 행진했다. 그 와중에 상인들과 시민 등이 합세해 시위는 들불처럼 번졌다. 이를 기리기 위해 지금 제일교회가 있는 청라 언덕으로 올라가

그림 5-16
**대구제일교회 구당**
출처: 대구광역시 중구청 문화관광과 제공

는 90개의 오르막 계단에는 '대구 3 · 1 운동 길'이라는 표지판이 서 있다.

제일교회를 세운 아담스와 존슨은 교회 설립뿐만 아니라 이 지역의 경관을 근대화하는 데에 큰 공을 세우기도 했다. 대구읍성의 성문 밖 동산 서쪽의 넓은 땅을 달성 서씨 문중으로부터 사들여, 동산에 근대식 병원과 선교사 주택, 정원 등을 차례차례 건립하였다. 이들이 동산에 이 같은 건물을 지은 것은 비록 당시에는 황무지이긴 했지만 양쪽 언덕 끝이 시가지와 접해 있다는 공간적 특징과 고지대라는 지형적 특성을 고려했기 때문이다. 동산은 도심과의 접근성이 양호하면서도 지대가 높아 공기가 맑고 전망이 좋았기에 환자들을 치료하기에 적지였다.

현재 동산에는 의료선교박물관, 교육역사박물관, 선교사 챔니스 주택 등 대구의 근대사를 보여 주는 시설들이 오롯이 자리 잡고 있다. 모두가 근대 건축물을 그대로 활용한 것으로, 대구시 유형문화재로 지정되어 있기도 하다. 이같이 도심 가까이에 얕은 구릉과 갖가지 나무들, 멋스런 근대 건축물들이 어울린 풍경은 전국 어디에서도 찾기 힘들다. 자녀나 연인과 함께 대구 옛 사람들의 정취를 느끼며 계단을 올라보는 것은 어떨까?

## 대구의 전통마을에서 우리 삶을 돌아보다

### 대구 사람들의 삶이 묻어나는 옻골, 묘골, 인흥마을

우리나라의 전통마을 하면 떠오르게 되는 안동 하회마을은 그 안을 걷고 경관을 감상하는 것만으로도 조선시대의 유교 사상을 느껴 볼 수 있는 곳이다. 지리산 청학동도 수

려한 자연 경관과 함께 지역의 오랜 전통이 잘 보전된 곳이다. 근대 개화기 이후에 대구가 타지에서 유입된 사람들이 전체 인구의 대부분을 차지하는 근대 도시이기는 하지만, 도시 곳곳에는 오래전부터 전통과 지역성을 고이 간직한 전통마을이 있어 대구 문화의 뿌리를 찾아볼 수 있게 한다.

대구의 동쪽 동구 둔산동에 위치하는 옻골마을은 경주 최씨 칠계파 후손들이 모여 사는 마을로 현재 20여 호의 옛집들이 어우러져 있다. 옻골마을의 북쪽은 팔공산 자락의 일부로 산들이 병풍처럼 둘러, 큰 바위가 우뚝 솟아 있으며 동쪽에 검덕봉이 높이 서 있다. 서쪽에는 긴 능선이 내려와 연못 안쪽의 골짜기 주변으로 이어지며, 남쪽으로는 느티나무 고목들이 숲을 이루어 연못 주변에 자리 잡고 있다. 시냇가에는 옻나무가 많이 있었으므로 이곳을 '칠계(漆溪, 옻골)'라 불렀으며, 지금까지 이곳에 자손들이 대대로 내려오며 살고 있다.

옻골마을의 특징 중 흥미로운 것은, 마을의 주산인 정봉의 큰 바위(대암)를 중심으로 한 마을의 공간 및 경관 조성이다. 대암은 마을 안에서는 어디에서나 쉽게 관측되지만, 주거지 밖으로 벗어나면 보이지 않는다. 오히려 마을 안에서는 눈에 들어오지 않던 대암 뒤의 산봉우리가 크게 부각되어 대암은 전혀 알아볼 수가 없다. 따라서 옻골마을의 주거지의 범위는 대암을 중심으로 대암이 잘 보이는 범위로 한정하여 이야기할 수도 있다.

대구의 서쪽 달성군 하빈면에 위치한 묘골마을은 사육신 취금헌 박팽년(1417~1456)의 후손들이 모여 사는 순천 박씨 집성촌이다. 마을 가운데로 들어서면 맨 끝 위쪽에 보이는 것이 사육신의 위패를 봉안한 사당인 육신사이다. 잘 단장된 육신사에는 종갓집 별당인 태고정이 있으며, 그 외 도곡재, 충효당을 비롯한 박팽년의 후손들인 순천 박씨의 고택들이 단아하게 들어서 있다. 박팽년의 후손들은 사육신 가운데 유일하게 살아남은 사람들이다. 이에 달성군은 묘골마을의 문화적인 가치를 인정하여 사육신의 충절 정신과 역사를 계승하고 발전시키기 위해 지난 2003년부터 꾸준히 전통마을 정비 사업을 추진하고 있다.

인흥마을은 민속자료 제3호로 지정된 한옥 마을로, 남평 문씨들이 모여 사는 곳이라 해서 '남평문씨본리세거지'라고 부르기도 한다. 남평 문씨는 문익점의 후손들로 약 400년 전에 대구에 들어와 살게 되었다.

인흥마을은 전통적인 대구 지방 가옥의 틀을 잘 간직하고 있다. 이곳의 대표적 건물로는 광거당과 수봉정사를 들 수 있는데, 광거당은 문중의 자제들을 위한 학문과 교양을 쌓던 장소로 사용되었다. 수봉정사 건물은 굴뚝이 건물 옆으로 난 전형적인 온돌 가옥

그림 5-17 인흥마을 전경
2013년 11월 16일 촬영

으로, 우리나라 온돌 문화를 잘 살펴볼 수 있다. 또한 기둥이 네모진 모양이 아닌, 왕이 사는 궁궐이나 관청에서 쓰는 둥근 모양이라는 점과 안마당에 나무가 있어, 자연 그대로를 살린 건축이 추구되었다는 점도 특이한 부분이다.

인흥마을은 마을의 입지도 풍수지리 사상에 입각한 전형적인 배산임수 형태를 하고 있다. 마을 뒤편의 주산인 천수봉은 현무, 뒷산에서 뻗어 내린 산자락은 '좌청룡'에, 인공으로 조성한 송림은 '우백호'에 해당한다. 또한 마을 전체가 우물 정(井)자처럼 가로, 세로줄을 맞추어 네모반듯하게 구획이 나뉘어 있어, 길이 곧고 폭도 넓다.

전통 문화에 대한 관심이 높아지고 가족과 함께 하는 체험 학습이 대세로 떠오르고 있는 요즘, 대구의 전통마을에 들러 옛 사람들의 삶과 지혜를 엿보는 것도 좋은 경험이 될 것이다.

## 더 알아보기

1. 대구시의 서원과 향교를 더 찾아보고, 각각 어떤 특징이 있는지 알아보자.
2. 대구시의 종교 유적지를 더 찾아보고, 그 특징에 대해 이야기해 보자.
3. 대구에 있는 전통마을의 건물 배치가 가진 특징을 이야기해 보자.

제6장

# 활기차고 살기 좋은 도시로

그림 6-1 대구수목원
2013년 11월 16일 촬영

존경하는 대구 시민 여러분! 오늘 우리는 '희망의 도시, 일류 대구'의 꿈을 이루고자 이 자리에 함께하고 있습니다. 지난 4년간 시민 여러분과 함께 열심히 노력한 결과, 희망을 되찾았고 일류 도시로 가는 문을 열었습니다.

- 2010년 7월 1일, 김범일 대구 시장 취임사 중에서

대구는 보다 풍요로운 삶의 터전을 가꾸기 위해 지속적으로 노력해 왔다. 그럼에도 불구하고 전 지구촌 구성원들이 기대와 환희 속에 맞이한 뉴밀레니엄 이후에도 수도권으로의 일극 집중이라는 한국 사회의 구조적 문제를 극복하지 못한 결과, 대구시의 지위는 지속적으로 하락의 길을 걸어 왔다. 그러나 대구시는 참여정부 이후 본격적으로 추진되기 시작한 지역 산업 정책에 힘입어, 지역 산업을 비롯한 도시 기반의 경쟁력을 강화하기 위해 노력하였다. 그 결과, 최근에 가시적인 성과가 나타나고 있다. 이 중에서 삶의 터전을 구성하는 대표적인 요소라고 할 수 있는 경제, 문화, 그리고 환경과 관계된 성공 사례를 살펴보자.

# 대구 경제 발전의 청신호

대구의 미래는 어떤 모습일까? 현재 대구의 모습도 어떻게 비춰지는지 궁금하지만, 미래의 모습은 더욱 궁금증을 자아낸다. 삶터의 미래는 도시가 지향하는 방향과 시민들의 노력으로 만들어진다. 대구는 경제적인 어려움을 극복하고 우리나라 3대도시로서의 위상을 회복하고자 노력해 왔다. 최근 대구의 적극적인 노력으로 성과를 거두고 있는 사업들이 속속 드러나고 있다. 이 가운데 대구테크노폴리스와 대구사이언스파크를 중심으로 대구 경제의 미래를 가늠해 본다.

## 대구 미래의 성장 동력, 대구테크노폴리스와 대구사이언스파크는 순항하고 있다

첨단 산업단지 건설을 통해 인재가 모여드는 활기찬 도시로

1980년대 이후 본격적으로 심화되기 시작한 수도권으로의 일극집중의 결과, 대구는 침체의 길을 걸어 왔다. 특히 2000년 이후 일인당 지역내총생산(GRDP)이 16개 광역자치단체 중에서 최하위를 차지하면서 인구도 지속적으로 감소하고 있다. 이를 반영하듯 대졸자를 비롯한 고급 인력 및 고부가가치 산업의 역외 유출은 날이 갈수록 심화되는 악순환의 고리가 형성되어 왔다. 2015년에 완공될 예정인 대구테크노폴리스는 이러한 악순환 고리를 끊을 수 있는 교두보이다. 이곳은 연구 · 개발, 첨단 산업, 그리고 정주 여건이 조화를 이룬 첨단복합도시로의 탄생을 눈앞에 두고 있다.

달성군 현풍 · 유가면에 726만㎡ 규모로 조성되고 있는 대구테크노폴리스의 연구 용지(138만㎡)에는 대구경북과학기술원, 한국전자통신연구원 대경권연구센터, 한국생산기술연구원 대구분원, 국립대구과학관 등이 이미 입주해 있으며 한국기계연구원 대구

그림 6-2 **대구사이언스파크 조감도**
출처: 대구광역시청 제공
대구사이언스파크는 대구의 미래 성장 동력을 창출할 국가 과학 산업단지이다.

분원은 준공을 앞두고 있다. 그 외에 경북대 융합기술대학원, 계명대 지능형자동차대학원 등도 테크노폴리스 지구에 들어설 예정이다. 산업용지(158만㎡)는 외국인 투자 유치를 위한 용지(40만㎡)를 제외하면 분양률이 95%에 이른다. 기업체 84곳이 분양 계약을 했고 11곳은 공장을 건립하고 있다. 그리고 공동 주택이 들어서는 주거 용지(114만㎡)는 전체 20개 블록 가운데 16개가 분양됐다.

한편, 달성군 구지면 일원에 855만㎡ 규모로 건설되고 있는 대구사이언스파크는 대구의 미래 성장 동력을 창출할 국가 과학 산업단지이다. 지난 2009년부터 사업에 들어갔으며, 사업비 2조 220억여 원이 이에 투입돼 2018년에 완공될 예정이다. 이곳에는 차세대 전자 · 통신, 첨단기계, 미래형 자동차 부품 업체 등이 입주할 예정이다.

대구테크노폴리스와 대구사이언스파크는 대구의 20년 숙원 사업이다. 대구는 현재 16개 광역지방자치단체 중에서 국가 산업단지가 없는 유일한 지역이며, 30대 대기업이 전무한 도시이기 때문이다. 이런 사업들의 성공 시대를 열기 위해서는 해결해야 할 문제들이 많다. 산업단지만 조성해 놓았다고 해서 기업들이 저절로 모이지는 않기 때문이다. 대구는 내륙에 위치한 도시이다. 또한 달성군은 대구 도심에서는 상당한 거리에 위치해 있다. 원활한 물동량 수송을 위한 교통망의 보완도 필요하지만, 이곳에 입주할 업

그림 6-3 달성군 현풍 · 유가면에 조성되고 있는 대구테크노폴리스 건설 현장
2013년 11월 16일 촬영
대구사이언스파크와 ITS 기반 지능형 자동차 부품 시험장 조성이 탄력을 받고 있는 가운데, 테크노폴리스 조성 사업 역시 2015년 준공을 목표로 순조롭게 진행되고 있다.

체와 업체의 임직원들에게 매력적인 삶터 환경을 조성하는 것은 대구의 숙제이다.

이들 사업 외에도 지역 경제 회생과 도약을 위해 많은 사업들이 추진되고 있다. 2014년 완공을 목표로 하는 신서동 일원의 대구혁신도시와 첨단의료복합단지 조성 사업 등도 차질 없이 마무리되어야 한다. 동남권 R&D 허브가 될 대구테크노폴리스, 신산업 창출의 요람이 될 대구사이언스파크 등의 성공을 통하여 지역 인재의 유출을 최소화하고, 나아가 일자리를 찾아 인재들이 모여드는 활기찬 도시로 거듭나기를 기대한다.

## 더 알아보기

1. 대구테크노폴리스와 대구사이언스파크 건설이 지역 경제에 미칠 영향을 알아보고, 그 외 현재 대구에 건설 중인 대규모 산업단지의 규모와 위치를 찾아보자.

# 관광 대구의 신호탄

대구는 일찍 선사시대부터 사람이 거주해 왔고, 조선시대부터 영남의 중심지 역할을 수행하면서 수많은 문화 유적을 간직하고 있다. 여기에 신라 5대 명산인 팔공산까지 더해져 자연 경관도 빼어나다. 그럼에도 불구하고 이를 찾아 방문하는 외국 여행객은 물론이거니와 국내 수학여행단도 거의 없는 형편이다. 하지만 최근 대구 근대골목투어가 전국적으로 인기를 모으고 있다. 전국의 대도시 가운데 근대 문화 관광 자원을 가장 잘 간직한 대구가 이를 어떻게 개발하고 있는지 알아보자.

## 도심 재생으로 키워 낸, 근대 문화의 보고(寶庫), 근대골목투어

한국 관광의 별로 우뚝 서다, 그리고 또 하나의 꿈을 이루기 위한 시작이다

대구는 경상감영이 상주에서 이전한 이래로 400여 년 동안 정치, 경제, 문화에 걸친 명실상부한 영남의 중심지로 발전하여 왔다. 근대에는 국채 보상 운동을 시작으로 2 · 28 민주 운동에 이르기까지, 국난 극복과 민주주의 정착의 중심적인 역할을 수행했다. 이 과정에서 이상화, 이인성, 박태준, 서상돈 등 민족사에 큰 획을 그은 걸출한 근대 역사 인물들을 많이 배출한 지역이기도 하다. 이러한 전통과 많은 문화유산을 보유하고 있음에도 불구하고 대구는 외지인들에게 볼거리 없는 '관광 불모지'로 알려져 있다. 뿐만 아니라 대구 사람들조차도 대구와 관광은 무관한 것으로 여기고 그동안 별다른 노력을 하지 않았다.

그런데 '대구 근대골목투어'가 '2012 한국 관광의 별'과 '한국인이 꼭 가봐야 할 국내관광지 100곳(99곳)'으로 지정됐다. 이곳은 대구를 대표하는 볼거리가 되었을 뿐만 아니라, 한국 관광의 새로운 패러다임의 대표 아이콘이 되었다. 특히 '대구 근대골목투어'는

그림 6-4 대구 근대골목투어 체험 현장(서상돈 고택)
2013년 11월 13일 촬영
근대골목투어에 참가한 학생들이 국채 보상 운동을 통해 나라의 주권을 되찾기 위해 노력했던 독립운동가 서상돈 선생의 고택을 둘러보고 있다.

대구를 삶의 터전으로 하는 전문가, 골목 해설사, 사회단체, 그리고 공무원을 포함하는 지역 사회 구성원들이 열정적으로 참여하고 일구어 낸 결과이다. 동시에 관광의 불모지라는 대구 관광의 한(恨)을 푼 경사이기도 하다.

대구 도심은 영남의 중심지인 대구의 변천사를 고스란히 안고 있다. 이곳에 있는 1,000여 개의 골목은 저마다의 사연을 안고 근대 역사를 오롯이 지켜 왔다. 이곳은 김원일의 소설 「마당 깊은 집」의 무대이기도 하다. 또 가곡 「동무 생각」의 청라언덕, 3·1만세운동길, 계산성당, 이상화·서상돈 고택, 약령시, 영남대로, 진골목으로 이어지는 근대골목은 근대 문화의 보고이다. 특히 2012년에 옛 구암서원 건물(동산동 소재)을 전면 개·보수하여, 현재 이곳에서 다양한 전통 문화 체험 및 숙박 체험을 운영하고 있으며, 이는 '대구 근대골목투어'의 거점으로 활용되고 있다.

이와 같이 무관심 속에 방치되었던 근대 문화 유산이 '도심 재생'의 이름으로 다시 태어났다. 창고 속에 묻혀 있던 보물들을 끄집어내어 갈고 닦아 보석으로 빛을 발하게 하는 동시에, 골목 저마다의 특징과 숨은 이야기를 찾아 입히는 과정을 거쳐 재탄생한 것이다. 특히 대구의 '도심역사문화탐방 골목투어'는 차별화된 워킹 투어 코스로 운영되는 새로운 도심 재창조 모델로 주목을 받고 있다.

그림 6-5 근대골목투어 홍보 홈페이지

출처: 대구광역시 중구청 제공

대구광역시 중구청에서는 도심을 중심으로 탄생한 5개 코스의 근대골목투어를 통해 대구의 관광 산업 활성화에 기여하고 있다. 오른쪽 하단의 사진 속 언덕은 근대골목투어의 출발지인 청라언덕이다.

'대구 근대골목투어'는 도심 재창조 사업을 통한 '관광 도시 대구'라는 또 하나의 꿈을 이루기 위한 시작이다. 진골목 경관 디자인 사업과 같은 기존의 골목 투어 기반 구축 사업을 비롯하여 북성로와 서성로를 중심으로 2012년부터 진행 중인 '대구읍성 상징거리' 및 향촌동 전후 문화 재현관의 조성 등도 추진한다. 이를 통하여 이미 관광 명소로 자리 잡은 동성로와 남성로에 연계하는 역사 · 문화 관광 벨트화를 추진하고 있다. 이러한 기반 구축뿐만 아니라 골목마다 상이한 멋과 맛을 찾아내고, 거기에 숨은 이야기를 찾아 입히는 스토리텔링 사업, '나홀로' 관광객을 위한 스마트폰 앱 개발 등을 통하여 관광 상품으로서의 가치를 높이고 있다.

또한 '순종 황제 어가길', '100년의 향수! 추억의 남산화원 둘레길' 등이 2015년에 조성될 예정이다. 특히 순종 황제 어가길은 대한제국의 마지막 황제인 순종의 대구 방문을 조명하는 것으로, 국토해양부 공모 사업에 선정되었다. 볼거리를 늘려 국내외 관광객들이 꼭 한번 찾아와서 머물고 싶은, 대구의 대표적인 관광 명소로 만들어져 나갈 계획이다. 이러한 사업들을 통해 대구는 명실 공히 한국을 대표하는 근대 골목 관광 도시로 자리매김하게 될 것이다.

성공적으로 자리 잡기 시작한 근대 골목 투어도 그 생명력을 지속하기 위해서는 해결해야 할 과제가 적지 않다. 지금까지 5개 코스의 도심 골목 투어가 탄생했지만, 제1코스인 경상감영 달성길과 제2코스인 근대 문화 골목에만 전체 방문객의 90% 이상이 몰리고 있다. 코스 간의 연계성도 아직은 미흡함이 있고, 보다 자유롭게 투어를 즐길 수 있는 인프라를 확대하는 것도 필요하다. 나아가 대구를 상징하는 음식 문화의 확충과 국내외 단체 관광객이 쉽게 이용할 수 있는 다양한 형태의 숙박시설의 확보가 조속히 이루어져야 할 것이다.

근대 역사에서의 역할 못지않게 근대 역사 · 문화를 지켜 온 것은 대구의 자랑이다. 대구시는 친환경 삶터로 가꾸어 가는 것에 대단한 자부심을 가지고 있다. 지극히 바람직한 방향 설정이다. 동시에 과거와 현재를 아울러 사람의 체취를 공유할 수 있는 도시 재생을 통해 근대의 역사와 문화유산을 간직한 대표적인 도시로 거듭나기를 기대해 본다. 오늘만이 아닌 미래에도 대구의 '삶터 가꾸기'는 계속될 것이기 때문이다.

## 더 알아보기

1. 대구 근대골목투어를 위해 많은 사람들이 찾는 이유를 알아보고, 대구 관광 산업 활성화를 위한 바람직한 방향을 제시해 보자.

# 대구 생태도시의 시금석

살기 좋은 도시는 쾌적한 환경을 갖춘 도시이다. 급속한 산업화는 인구의 도시 집중으로 이어져 수많은 환경 문제를 발생시켜 왔다. 대구의 경우도 예외는 아니다. 하지만 최근 대구수목원이 전국적으로 이목을 집중시키고 있다. 쓰레기 문제를 슬기롭게 극복한 대구수목원의 사례를 살펴보자.

## 생태 복원의 교과서, 대구수목원

쓰레기 매립장을 친환경 생태 공간으로

환경 문제는 개발도상국에서 흔히 나타나는 또 하나의 심각한 도시 문제이다. 급속한 산업화와 도시화를 경험한 대구의 경우에도 대기 오염, 수질 오염, 토양 오염 등의 각종 환경 문제가 해결되지 못한 채 현재에도 사회 문제가 되고 있다. 이러한 환경 문제 가운데 특히 대도시에서 해결의 실마리가 보이지 않고 갈수록 그 심각성이 커지고 있는 것 중의 하나가 쓰레기 문제이다.

지난 1986년부터 1990년까지 대구 시민의 생활쓰레기 약 400만 톤이 달서구 대곡동 지금의 대구수목원 자리에 매립되었다. 그 후 10년 가까이 특별한 대안 없이 장기간 방치되어 이 일대는 시민들의 원성과 민원의 대상으로, 버려진 공간이 되고 말았다. 1996년부터 대구지하철도 건설을 비롯한 각종 건설 공사장에서 발생하는 잔토를 활용해서 6~7m 두께로 흙을 덮었다. 이렇게 복토한 곳에 5년간의 수목원 조성 공사로 2002년 친환경 생태 공간으로서의 도시형 수목원을 개원하게 되었다.

대구수목원은 1,000여 종의 초본류와 목본류를 심어 놓은 국내 최대의 도시형 수목원이다. 시민의 기증으로 꾸며진 분재원과 선인장 온실 등을 갖추고 있으며, 21개의 주제

그림 6-6
**대구수목원에 전시된 수목원 조성 단면도**
2013년 12월 21일 촬영
대구수목원은 쓰레기 매립지에 6~7m 두께로 흙을 덮고 그 위에 나무를 심었다.

를 가진 전문 수목원으로 구성되어 있다. 현재 전시된 식물 종수는 1,750종 45만 본에 달한다. 특히 흙길과 산책로 주변은 시민들이 자발적으로 심은 나무들이 울창하여 시선을 끌기도 한다.

10년 동안 방치되었던 쓰레기 매립장을 수목원으로 탈바꿈시킴으로써 토지 이용의 효율을 높이고, 생태 환경이 복원되어 자연 탐구와 식물 학습 공간으로 이용되고 있다. 나아가 향토 식물 자원 보전 및 종의 다양성을 확보하는 기지로도 활용되고 있다. 또한 시가지 녹화에 필요한 묘목 및 꽃을 자체 생산 · 공급하여, 푸르고 아름다운 대구 건설에 기여하고 있다. 이 덕분에 대구수목원은 자연 생태 복원 전국 우수 사례지로 선정되기도 했다. 주민들에게 고통을 안겨 주던 쓰레기 매립지가 지금은 대구의 자랑거리로 변신한 것이다.

현재 대구수목원에는 1년에 약 200만 명이 방문하여, 설계 당시 예상했던 방문자 수를 훨씬 능가하고 있다. 소풍이나 생태 체험 학습 공간으로 각광 받고 있을 뿐만 아니라, 전국 지방자치단체 공무원들의 견학 코스가 되었다. 특히 도시 숲을 계획하고 있는 지방자치단체의 벤치마킹 대상이 되고 있다. 현재는 대구시티투어에서도 가장 각광받는 명소 중의 하나이다. 님비에서 핌피(PIMFY)의 대명사로 탈바꿈한 것이다. 오늘날 대부분의 도시들이 쓰레기 문제로 몸살을 앓고 있기 때문에 대구수목원의 가치가 더욱 돋보인다.

이와 함께 대구시는 저탄소 녹색 성장 도시로서의 이미지를 강화하기 위한 다양한 사업을 펼치고 있다. 방천동 쓰레기 매립 가스 자원화 사업, 타워형 태양열 발전소 건립 등이 대표적인 사례이다. 삶의 질 향상에 힘쓰는 대구의 이미지는 타 지역의 모델이 되

그림 6-7 **생태 복원의 우수 사례로 꼽히는 대구수목원**
2013년 5월 5일 촬영
대구시는 쓰레기 매립장을 친환경 생태 공간인 도시형 수목원으로 조성하여 시민들의 사랑을 받고 있다.

었다. 적극적인 사고로 환경 문제를 극복하여 삶의 질을 높이는 것은 일류 도시로 가는 관문이기 때문이다.

그러나 대구의 환경 문제가 해결된 것은 아니다. 쓰레기 종량제 실시 후 배출량이 많이 줄었지만 아직도 엄청난 양의 쓰레기가 쏟아져 나오고 있다. 하루도 거르지 않고 쓰레기는 계속해서 버려지고 있고, 대기 오염과 수질 오염도 시민들의 기대치와는 많은 차이가 있다. 이런 문제들을 슬기롭게 해결하는 것은 이 시대의 과제이다. 하지만 대구수목원의 모범적인 사례를 통해 대구시의 또 다른 환경 문제에 대해서도 어떤 작품이 나올 것 같다고 기대해 본다. 대구수목원은 대구를 넘어 대한민국의 자랑이기 때문이다.

## 더 알아보기

1. 대구수목원 개발이 높이 평가받는 이유를 알아보고, 그 외에 다른 환경 문제에 대한 대구의 모범적인 사례를 찾아보자.

# 참고 문헌


## 논문

남영우, 2000,「한국대도시의 내부구조」,『한국도시지리학회지』, 제3권, pp. 21-32.

손명원, 2006,「금호분지 내 지리관광자원의 자연지리학적 배경」,『한국지역지리학회지』, 제12권 제2호, pp. 202-214.

김타열 · 진원형, 2008,「대구시 상업지역의 구조 변화」,『한국지역지리학회지』, 제14권 제4호, pp. 367-381.

이철우 · 박순호 · 최정수, 2005,「대구약령시의 장소정체성과 장소마케팅」,『지역사회연구』, 제13권 제1호, pp. 129-157.

전영권, 2004,「대구 신천(新川) 유로에 관한 새로운 해석」,『한국지역지리학회지』, 제10권 제4호, pp. 689-697.

전영권, 2006,「대구 앞산의 환경보존과 지속가능한 이용」,『한국지역지리학회지』, 제12권 제6호, pp. 645-655.

최재우, 2004,「금호강 유역 생태관광자원의 교육적 활용방안」,『한국지역지리학회지』, 제10권 제4호, pp. 727-743.

함순섭, 2001,「대구의 지리적 특성과 고대 지역정치체」,『국립대구박물관, 대구 오천년』, 통천문화사.

허상도, 2002,「대구 · 경북지역 섬유 산업의 현황과 발전 방향」,『대은경제리뷰』, 제177호, pp. 40-53.

황상일, 2004,「대구시 북부 팔공 산지의 지질 특성과 지형 발달」,『지질학회지』, 제40권 제1호, pp. 77~92.

## 단행본

건설교통부 국토지리정보원, 2005,『한국지리지: 경상편』, 건설교통부 국토지리정보원.

건설교통부 국토지리정보원, 2008,『한국지리지: 총론편』, 건설교통부 국토지리정보원.

건설부 국립지리원, 1985,『한국지지 지방편 Ⅲ』, 형설출판사.

경상북도사편찬위원회, 1983,『경상북도사(慶尙北道史)』.

국립대구박물관, 2001,『대구 오천년』.

권오혁, 2002,『첨단산업과 도시』, 한울아카데미.

김영화 편, 2013,『전환의 도시 대구 1970~2010』, 양서원.

김종욱, 2010,『잊혀지고 묻혀 버린 대구 이야기』, 북랜드.

낙동강공동체, 1997,『낙동강 생명 찾기』, 인쇄골.

대구 · 경북역사연구회, 2001,『역사 속의 대구, 대구 사람들』, 중심.

대구광역시, 1995,『대구시사(제1권)』, 대구시사편찬위원회.

대구광역시, 1997.『대구문화재 사랑』.

대구광역시, 2004,『대구 향토사 조사 연구』.

대구광역시, 2010,『2020 대구도시기본계획』.

대구광역시, 2010,『대구 도심재생 기본구상』.

대구광역시, 2010,『2012년 대구사회조사』.

대구광역시, 2013,『대구경관자원 52선』.

대구광역시 중구, 1998,『경상감영 400년사』, 신흥인쇄사.

대구지방환경청, 2005,『살아 숨쉬는 금호강』, 금성인쇄사.

유우익, 2005, 「관광에서 답사까지: 삶의 모습을 어떻게 이해할까?」, 박삼옥 외, 2002, 『지식정보사회의 지리학 탐색』, 한울아카데미, pp. 283-303.
박삼옥 외, 2002, 『지식정보사회의 지리학 탐색』, 한울아카데미.
박삼옥, 1999, 『경제지리학』, 아르케.
박진환 외, 2010, 『대구음식견문록』, 미래기획.
삶터탐구연구회, 2008, 『탐구를 통한 삶터 학습』, 대구광역시 교육청.
삶터탐구연구회, 2009, 『알고 보면 재미있는 삶터 탐구』, 대구광역시 교육청.
상희구, 2012, 『大邱』, 황금알.
서인원 외, 2011, 『대한민국에 지방도 있다』, 대구경북연구원.
심규열 · 이승환, 2007, 『대구 · 경북 비즈니스 서비스 산업 육성방안 -구미지역 비즈니스 수요를 중심으로-』, 대구경북연구원.
영남삶터연구회, 2009, 『함께하는 대구경북 재발견 길잡이』, 청타인쇄사.
영남삶터탐구연구회, 2006, 『삶터탐구활동 길잡이』, 대구광역시 남부교육청.
영남삶터탐구연구회, 2007, 『삶터탐구교육 매뉴얼』, 대구광역시 남부교육청.
윤상현, 2007, 『대구경북 첨단메카트로닉스 산업벨트 구축방안 -지능형 로봇산업 중심으로-』, 대구경북연구원.
이득재, 2010, 『대구 경북의 도시 공간과 문화지형』, 문화과학사.
이익성 역, 1993, 『택리지』, 을유문화사.
이재필 · 이용재 · 권윤자, 『21세기 대구경북인 상(像)』, 대구경북연구원.
이중환, 1751, 『택리지』, (차창용 옮김, 1994, 『우리 땅 어디서 살거나, 택리지(擇里誌)』, 슬기샘).
이춘호, 2007, 『달구벌의 맛과 멋』, 대구광역시.
자연지리학사전편찬위원회, 1996, 『자연지리학사전』, 한울아카데미.
전승욱, 2005, 『대구 지역 컨택센터 서비스 산업 활성화 방안 연구』, 대구경북연구원.
전영권, 2003, 『이야기와 함께 하는 전영권의 대구지리』, 도서출판 신일.
정기억, 1995, 『낙동강 유역의 장시와 유통』, 수서원.
제임스 루벤스타인, 2012, 『현대인문지리학』, 시그마프레스.
조선사연구회, 2002, 『조선시대 대구의 모습』, 계명대학교출판부.
차창용 옮김, 1994, 『우리땅 어디에서 살거나 택리지(擇里誌)』, 슬기샘.
최영준, 1997, 『국토와 민족생활사』, 한길사.
최용호 · 이용재, 2005, 『대구경북지역 주민 정체성 및 의식조사 보고서』, 대구경북연구원.
함순섭, 2001, 『대구의 지리적 특성과 고대 지역정치체』, 국립대구박물관.
향토사연구회, 2009, 『새로 쓴 대구역사기행』, 도시출판 영한.
홍철, 2006, 『진짜 대구를 말해줘』, 홍익포럼.

## 뉴스 기사

김용한, "이상화 고택보존운동, '닻' 올렸다", 『오마이뉴스』, 2002년 8월 30일자.
(http://www.ohmynews.com/NWS_Web/view/at_pg.aspx?CNTN_CD=A0000085811)
박진관, "그 많던 대구 고인돌 다 어디 갔을까", 『영남일보』, 2012년 10월 12일자.
(http://www.yeongnam.com/mnews/newsview.do?mode=newsView&newskey=20121012.010330741460001)
연합뉴스 보도자료, "대구 월성동 777-2번지 유적 발굴조사 지도위원회 개최", 『연합뉴스』, 2006년 7월 26일자.
(http://media.daum.net/press/newsview?newsid=20060726171023195)
황인무, "1020m 김밥 기네스북 도전", 『영남일보』, 2013년 9월 30일자.
(http://www.yeongnam.co.kr/mnews/newsview.do?mode=newsView&newskey=20130930.010060741530001)

## 웹사이트

구글 지도(https://maps.google.co.kr)
낙동강관리본부(http://nakdong.busan.go.kr)
대구경북경제자유구역청(http://www.dgfez.go.kr)
대구광역시청(http://www.daegu.go.kr)
대구광역시 남구청(http://nam.daegu.kr)
대구광역시 달성군청(http:/www.dalseong.daegu.kr)
대구광역시 동구청(http://www.dong.daegu.kr)
대구광역시 앞산공원 관리사무소(http://www.daegu.go.kr/Apsanpark)
대구광역시 중구청(http://gu.jung.daegu.kr)
대구광역시 중구청 골목투어(http://gu.jung.daegu.kr/alley)
대구수목원 관리사무소(http://www.daegu.go.kr/Forestry)
문화체육관광부(http://www.mcst.go.kr)
내 고장 대구(http://blog.goz.co.kr/daegu/114)
대구 뉴스세상(http://blog.daum.net/riudonhee)
비슬산 자연휴양림(http://sports.dalseong.daegu.kr/bisulsan)
수성구청 블로그(http://blog.naver.com/suseongblog)
수성이야기 블로그(http://blog.daum.net/gim-sh)
수성페스티벌(http://ssfestival.kr)
앞산공원 관리사무소(http://www.daegu.go.kr/Apsanpark)
2 · 28민주운동기념사업단(http://daegu228.cafe24.com/xe/main)
㈜에스엘(http://www.slworld.com)
청주 정씨 문목공 청장년회(http://cafe.daum.net/hangangdescendant)
팔공산도립공원 관리사무소(http://www.gbpalgong.go.kr)
팔공산자연공원 관리사무소(http://www.daegu.go.kr/Palgongpark)
한국지질자원연구원(http://www.kigam.re.kr)

# 저자 소개

—

## 이철우

경북대학교 지리학과에 입학하면서 대구와의 인연은 시작되었다. 그 후 1992년 경북대학교 지리학과 교수로 부임하면서 다시 대구에 정착하였다. 대학에서는 경제지리학과 지역개발을 가르치면서 대구 사람으로 살고 있다. 그동안 영국 더럼(Durham)대학교 방문교수, 사회과학대학장과 (사)대한지리학회장을 역임하였다. 주요 저 · 역서로는『전환의 도시 대구(2)』(공저),『地域社会と開発-東アジアの経験-』(공저),『자립적 지역발전 모델』(공저),『유럽의 지역발전정책』(공저),『공간이론의 사상가들』(공저) 등이 있다.

—

## 위상복

김천에서 고등학교까지를 마치고 경북대학교 지리학과와 대학원을 졸업하였다. 현재 소선여자중학교 교사로 근무하고 있다. 2002년 교육 부문 신지식인으로 선정되었으며, 전국지리교사연합회 회장을 역임하였다. 주요 저서로는『살아있는 지리교과서 I, II』(공저),『고등학교 한국지리 교과서』(공저),『고등학교 세계지리 교과서』(공저) 등이 있으며, 그 외에 삶터탐구활동 자료 개발에 수 차례 참여하였다. 현재 네이버 카페 '위상복의 답사여행'을 운영하면서 대구를 제대로 이해하고 알리기 위해서 노력하고 있다.

—

## 최희만

경북대학교 지리학과에 들어오면서 대구 생활이 시작되었고, 동 대학원에서 자연지리학 박사학위를 받았으며, 지금은 오성고등학교에 재직하고 있다. 그동안 고등학교 한국지리 교과서 집필에 참여하였으며, 옛것을 새롭게 이해하고자 전통 취락과 지형학과의 관계에 관심을 가지고 연구하고 있다. 삶터연구회를 운영하며『대구와 영남 지방의 삶터』책자를 함께 만들었다.

—

## 김시구

대구 팔공산 자락에서 태어나서 줄곧 대구에서 자랐다. 경북대학교 지리학과와 대학원을 졸업하였다. 현재 대구 원화여자고등학교에 재직하면서 중등지리연구회와 삶터탐구연구회 등의 활동을 통해 대구 이해에 대한 지평을 넓히고 이를 알리기 위해 노력하고 있다.

## 강문철

경북대학교 지리교육과에 진학하게 되면서 대구에 처음 오게 되었고 지리와 대구에 대한 관심이 생겨났다. 대구가 고향이 아니기 때문에 대구의 여러 장소에 대한 탐구 욕심이 크다. 현재 경북대학교 사범대학 부설고등학교에서 근무하고 있으며, 경북대학교 교육대학원에서 지리교육을 공부하고 있는 중이다.

## 백승진

중학교 때 대구로 전학 오면서 대구 사람이 됐다. 경북대학교 지리교육과에 입학하면서 지리인의 길을 걷게 되었다. 대학원에서는 경제활동의 공간 패턴에 관심을 가지고 공부하였으며, 현재 대구고등학교에서 지리 교사로 근무하고 있다. 고등학교 한국지리 교과서 집필에 참여하였으며, 삶터를 교육과정에 적용하기 위한 시교육청 삶터 탐구활동 자료집 제작에 참여하면서 대구의 참모습을 발견하고 있고, 학교에서 살아 있는 지리 수업을 위해 노력하고 있다.

## 신병문

경남 창녕 출신으로 경북대학교 지리학과에 입학하면서 대구에 첫발을 내딛었다. 대학시절 전국을 다니며 사진을 찍기 시작하여, 지금은 이 땅의 가치와 소중함을 일깨우는 전업 사진가의 길을 걷고 있다. 최근에는 『비상 - 하늘에서 본 우리 땅의 새로운 발견』이라는 사진집을 발간하였다.